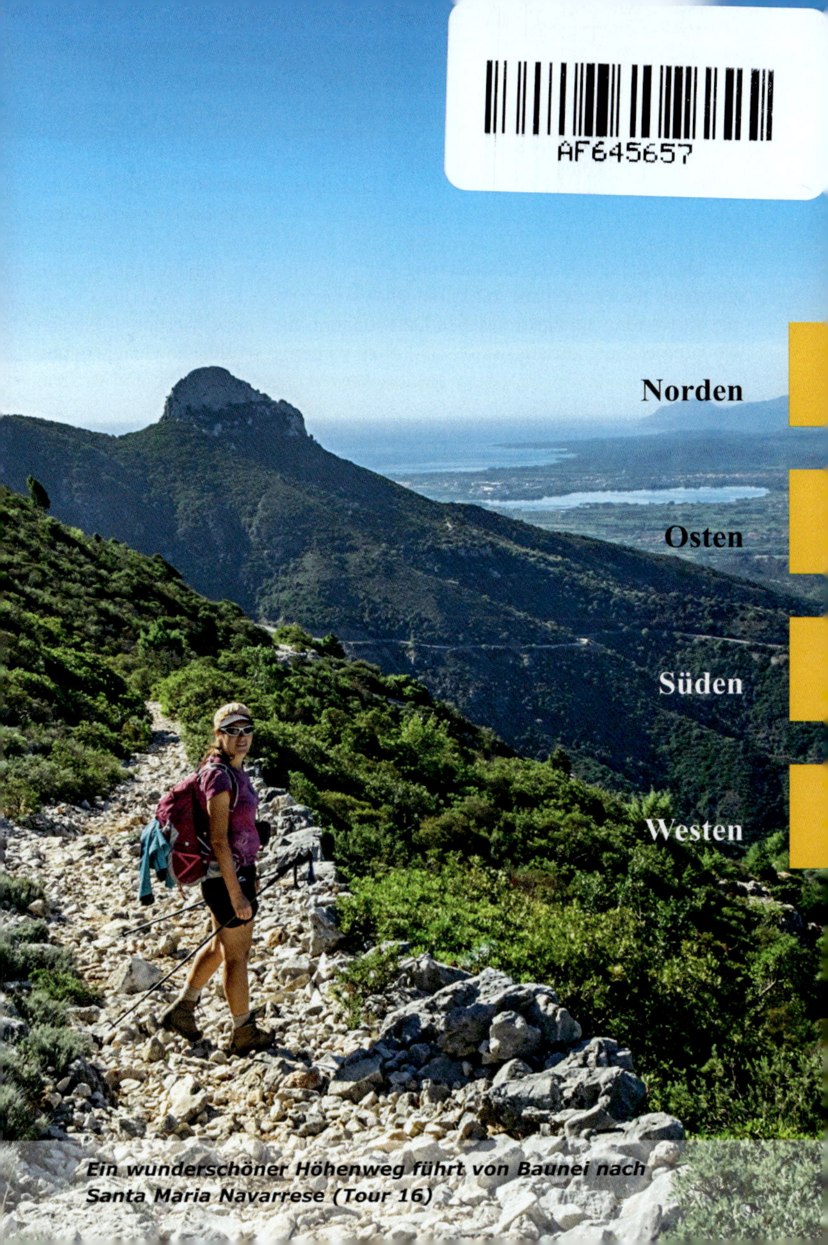

Norden

Osten

Süden

Westen

Ein wunderschöner Höhenweg führt von Baunei nach Santa Maria Navarrese (Tour 16)

Sardinien

Der Autor und der Verlag sind für Lesertipps und Verbesserungen (besonders per E-Mail) unter Angabe der Auflagen- und Seitennummer dankbar.

Dieses OutdoorHandbuch hat 160 Seiten mit 73 farbigen Abbildungen, 32 farbigen Kartenskizzen im Maßstab 1:25.000/50.000 sowie 30 farbigen Höhenprofilen und einer farbigen, ausklappbaren Übersichtskarte. Es wurde auf chlorfrei gebleichtem Papier gedruckt, in Deutschland klimaneutral hergestellt und transportiert und wegen der größeren Strapazierfähigkeit mit PUR-Kleber gebunden.

klimaneutral
natureOffice.com | DE-077-151104
gedruckt

OutdoorHandbuch aus der Reihe „Regional", Band 384

ISBN 978-3-86686-506-8 1. Auflage 2017

Text & Fotos: Markus und Janina Meier
Karten: Manuela Dastig
Lektorat: Amrei Risse
Layout: Anna-Lena Ebner

Gesamtherstellung: Werbedruck GmbH Horst Schreckhase

Dieses OutdoorHandbuch wurde konzipiert und redaktionell erstellt vom:

Conrad Stein Verlag GmbH, Kiefernstr. 6, 59514 Welver,
☏ 023 84/96 39 12, FAX 023 84/96 39 13,
info@conrad-stein-verlag.de,
www.conrad-stein-verlag.de

Besuchen Sie uns bei Facebook & Instagram:

www.facebook.com/outdoorverlag

www.instagram.com/outdoorverlag

Titelfoto: Wunderbare Landschaft. Im Hintergrund die Pedralonga (Tour 17).

Inhalt

Wandern auf Sardinien

Sardinien ist eine beliebte Wanderinsel im Mittelmeer in direkter Nachbarschaft zur französischen Insel Korsika. Die Insel besticht durch ihre besondere Vielfalt. Traumhafte Sandstrände, eindrucksvolle, von Wind und Wetter geformte Granitfelsen, tiefe Schluchten, Kalkgipfel mit endlos weiten Karstplateaus und und und ... bezaubern ihre Besucher.

Manchmal hat man fast den Eindruck, man bewege sich auf einem anderen Kontinent. Besonders beachtenswert ist zudem die üppige Fauna und Flora. Gerade im Frühjahr präsentiert sich Sardinien in voller Pracht und herrlich duftend. Sie wandern dann vielfach durch ein regelrechtes Meer aus Pflanzen.

Wir haben Sardinien in diesem Buch in vier Regionen unterteilt: den Norden mit der Gallura, den Osten mit so beliebten Urlaubsgebieten wie dem Golfo di Orosei und der Ogliastra, den Süden mit der Costa del Sud und der Costa Verde sowie den Westen um Alghero.

Im Norden befindet sich die Gallura mit den großen Korkwäldern. Ihr Zentrum ist Tempio Pausania, ein guter Stützpunkt für Wanderungen im Norden. Besonders beeindruckend sind die Granitfelsen an der Nordküste, vor allem an der Halbinsel Capo Testa. Eine besonders schöne Landschaft finden Sie im La-Maddalena-Archipel. Hier besuchen Sie die relativ unbewohnte Insel Caprera, auf der in den letzten Jahren zahlreiche gut markierte Wanderwege entstanden sind.

Der Osten teilt sich in zwei Bereiche. Als Erstes beschreiben wir Wanderungen am Golfo di Orosei. Die Touren reichen von Bergwanderungen wie zur Punta Catirina im Monte-Albo-Massiv bis hin zu Küstenwanderungen wie der wunderschönen Tour von der Cala Sisine zur Cala di Luna. Die eindrucksvolle Gorropu-Schlucht liegt ebenfalls in dieser Region.

Die zweite Region im Osten ist die Ogliastra. Hier gibt es einerseits den Strandabschnitt bei Santa Maria Navarrese, andererseits aber auch die Berge im Hinterland. Sie besuchen auf den hier beschriebenen Touren die Golgo-Hochfläche und den wunderbar einsamen Supramonte bei Urzulei.

Die dritte Region in diesem Wanderführer ist der Süden. Wir fangen dabei ganz im Süden an den schönen Sandstränden der Costa del Sud an und gehen dann in den Südwesten bei Arbus. Hier dominieren wieder die Berge, von denen wir Ihnen mit dem Monte Arcuentu einen besonders aussichtsreichen Gipfel vorstellen möchten. Aber auch spannende Küstenwanderungen wie von Scivu nach Pécora oder an der Cala Domestica werden Sie begeistern. Besonders gemütlich ist die Wanderung durch die Dünen der Costa Verde. Und besonders beeindruckend ist die Hochfläche der Giara, auf der Sie Wildpferde in freier Natur erleben. Die Gegend hat an manchen Stellen Ähnlichkeiten mit einer afrikanischen Savanne.

Die letzte Region ist der Westen. Hier beginnen wir mit einer leichten Küstenwanderung bei Oristano und besuchen dann mit dem Monte Ferru eine der größten ehemaligen Vulkanregionen Sardiniens. Weiter im Norden bei Alghero finden Sie schöne Küstenwanderungen. Der Stadt, die jahrhundertelang unter katalanischem Einfluss stand, sollten Sie einen Besuch abstatten. Besonders attraktiv sind die Touren im Bergland zwischen Alghero und Bosa. Hier können Sie den Monte Minerva, einen schönen Tafelberg, und den eher unbekannten Monte Torru in den Vulkanbergen zwischen Ittiri und Thiesi erkunden.

Fast alle Wanderungen in Küstennähe führen zu schönen Stränden. Diese laden zum Baden in dem wunderbaren blauen Meer ein. Das Wasser ist im Frühjahr noch ziemlich kalt, im Spätsommer dagegen oft noch angenehm warm. Packen Sie daher unbedingt die Badehose/den Bikini in den Rucksack. Sie sollten allerdings Badeschuhe benutzen, lebt doch in den Gewässern bei Sardinien das Petermännchen, ein Fisch mit giftigen Stacheln.

Unser Ziel war, möglichst abwechslungsreiche Wandertouren auszusuchen, und wir sind überzeugt, eine schöne Auswahl gefunden zu haben. Sie reichen von einfachen Wanderungen auf guten, breiten Wegen bis hin zu anspruchsvollen Touren auf Küstenpfaden. Auch wenn Sie ein paar weitere Touren finden, so haben wir doch versucht, einen Schwerpunkt auf Strecken von 7 bis 10 km Länge zu legen. Das gibt Ihnen die Möglichkeit, an einem Tag zwei kürzere Wanderungen zu unternehmen und nachmittags einen *caffè* zu genießen oder noch eine der zahlreichen Sehenswürdigkeiten zu besichtigen. Sie werden bei der Tourenauswahl auch ein paar Touren finden, die erstmals in einem deutschsprachigen Wanderführer beschrieben sind. Alle Touren enthalten Hinweise darauf, ob die Strecke für Kinder und Hunde geeignet ist.

Sardinien bietet neben spektakulären Wanderwegen noch einige Sehenswürdigkeiten. Unsere Empfehlungen, was Sie nicht verpassen sollten, führen wir bei den einzelnen Touren auf. Mystisch und großartig sind die Nuraghen. Im 2. Jahrhundert v. Chr. bildete sich eine Hirtenkultur. Woher sie kam, ist ungewiss. Kennzeichen der Zivilisation sind die kegelförmigen Festungstürme. Diese Nuraghen finden sich nur auf Sardinien. Bis zu 7.000 von ihnen gab es auf der Insel. Überall stoßen Sie auf diese Steinbauten, sodass sich eine Besichtigung auf alle Fälle anbietet.

Sie sollten aber nicht nur die Landschaft erkunden, sondern auch die sardische Küche versuchen. Ein traditionelles sardisches Essen besteht aus einem mehrgängigen Menü. Als Vorspeise gibt es entweder Salsiccia sarda (luftgetrocknete sardische Salami) und Pecorino (italienischer Schafmilchkäse) oder Nudelgerichte wie Sa fregula oder Malloreddus. Als Hauptgericht serviert man Fisch- oder Fleischgerichte. Gerade in Küstenorten sollte man unbedingt Fisch und Meeresfrüchte probieren. Wer noch nicht satt ist, gönnt sich einen Nachtisch. Ein großartiger Genuss sind Sebadas. Dabei handelt es sich um runde Teigtaschen, die mit Frischkäse gefüllt sind und mit Honig übergossen werden.

Zum Essen genießt man gerne sardischen Wein. Hier ist besonders der Cannonau hervorzuheben. Er ist die wichtigste Rebsorte Sardiniens und wird vor allem in der Region um Dorgali angebaut. Die Gallura ist für den Vermentino bekannt, den Weißwein Sardiniens.

Eine Besonderheit ist das Essen, wenn man einen Agriturismo als Unterkunft gewählt hat. Hier gibt es am Abend das Essen mit den anderen Gästen gemeinsam an großen Tischen. Im Preis inbegriffen sind meistens eine Flasche Hauswein sowie der Mirto, ein Likör aus den schwarzen Myrtebeeren.

Wenn man einmal keine Lust auf einen Wein hat, kann man sich ein sardisches Bier gönnen. Die lokale Marke heißt Ichnusa.

Ein weiteres wichtiges Getränk auf Sardinien ist der *caffè*. Dabei handelt es sich um leckeren Espresso, allerdings sollten Sie nicht mehr als einen Schluck erwarten. Wem dieser nicht ausreicht, bestellt sich besser einen *caffè doppio* oder einen *caffè lungo*.

Beim Frühstück bekommt man in den Hotels und B&Bs gerne Süßes serviert, z. B. Kuchen, Hörnchen etc. Ganz besonders großartig schmecken die sardischen Kekse. Für „Schleckermäulchen“ ein wahres Paradies.

Wir wünschen Ihnen, dass Sie von Ihrem Sardinienurlaub genauso begeistert nach Hause kommen wie wir. Die abwechslungsreiche Landschaft mit Meer, Bergen, Strand, Pflanzen und Tieren – alles auf einer Insel – hat uns die Recherche unvergesslich werden lassen.

Markus und Janina Meier

Reise-Infos

Anreise

Flugzeug

Es gibt zahlreiche Direktverbindungen von deutschen Flughäfen nach Olbia (im Nordosten) und Cagliari (im Süden). Von Frankfurt-Hahn und Memmingen kann man mit Ryanair zum Flughafen nach Alghero (im Nordwesten) fliegen. In nur gut zwei Stunden erreichen Sie Sardinien und können entspannt in Ihren Urlaub starten.

Auto und Fähre

Um mit dem Auto nach Sardinien zu kommen, muss man mit der Fähre übersetzen. Dafür genießen Sie auf der Insel maximale Mobilität. Folgende Fährverbindungen stehen zur Verfügung:

▷ ab Genua: Dabei handelt es sich um die kürzeste Anreisemöglichkeit aus Deutschland.

▷ ab Livorno oder Piombino: Die beiden Orte liegen in der Toskana und damit südlicher als Genua. Die Anreise aus Deutschland ist daher etwas länger.

Es gibt verschiedene Anbieter. Die bekanntesten sind Moby Lines und Tirrenia.

- www.faehresardinien.de
- ♦ www.mobylines.de
- ♦ www.tirrenia.de
- ♦ www.directferries.de

Unterkünfte

Sardinien ist so vielfältig, dass sich eine Rundreise in mehrere Regionen im Rahmen eines Urlaubs lohnt. Wir haben in gemütlichen B&Bs, Hotels oder Agriturismi übernachtet.

Sehr gute Erfahrungen sammelten wir mit dem Buchungssystem booking.com. Sie finden für Sardinien eine gute Auswahl hochwertiger Unterkünfte und können kurzfristig je nach Wetter, Lust und Laune noch umbuchen. Mit den folgenden Unterkünften waren wir sehr zufrieden:

- Für Tour 1: B&B La Pintadera, Via Magenta 7, 07028 Santa Teresa Gallura, ☏ 00 39/349/338 96 57, ✉ lapintadera.stg@gmail.com, 💻 www.bb-lapintadera.it
- Für Tour 2 und 5: Als Unterkunftstipp bei San Pantaleo empfiehlt sich Ca'La Somara. Das große Anwesen mit Pool vermittelt ein tolles Urlaubsflair. Ca'La Somara, Località Serra Balestra, 07021 Arzachena, ☏ 00 39/07 89/989 69, ✉ info@calasomara.it, 💻 www.calasomara.it
- Für Tour 3 und 4: Tempio Pausania und die Nachbarorte sind ein idealer Ausgangspunkt für die Gallura. Wir waren in Nuchis im Hotel La Casa Di Babbai untergebracht. Das alte, schön renovierte Haus strahlt ein besonderes Flair aus. La Casa Di Babbai, Via Canonico Pes, 6, 07029 Nuchis. ✋ Die Inhaber sprechen kein Englisch.
- Für Tour 6, 7 und 8: Orosei ist ein guter Ausgangspunkt für die Wanderungen im Golfo di Orosei und am Monte Albo. Hotel Anticos Palathos, Via Nazionale 51, 08028 Orosei, ☏ 00 39/07 84/986 04, ✉ info@anticospalathos.com, 💻 www.anticospalathos.com
- Für Tour 9 und 10: In Cala Gonone gibt es einige Hotels. Wir können das Hotel Villa Gustui Maris empfehlen. Die Zimmer sind zwar recht klein, das Personal aber sehr nett und der Blick von der Terrasse auf die Bucht ist traumhaft. Hotel Villa Gustui Maris, Via Marco Polo 57, 08022 Cala Gonone, ☏ 00 39/07 84/92 00 76-934 71, ✉ info@villagustuimaris.it, 💻 www.villagustuimaris.it
- Für Tour 11: Unterkunft bietet das Hotel Enis Maccione am Ausgangspunkt der Wanderung. Hotel Cooperativa Turistica Enis Maccione, Località Monte Maccione, 08025 Oliena, ☏ 00 39/07 84/28 83 63, ✉ coopenis@tiscali.it, 💻 www.coopenis.it
- Für Tour 12 und 13: In Dorgali können wir die Residenza di Campagna Seranile empfehlen. Die Zimmer sind sehr schön, zudem liegt das Anwesen sehr ruhig. Residenza di Campagna Seranile, Località Seranile, 08022 Dorgali, ☏ 00 39/347/296 15 71, ✉ info@seranile.com, 💻 www.seranile.com
- Für Tour Nr. 14, 15 und 16: In Baunei befindet sich ein nettes kleines Hotel. Von der Terrasse hat man einen schönen Blick auf das Meer. Hotel Bia Maore, Via S. Pietro 19, 08040 Baunei, ☏ 00 39/07 82/61 10 33, ✉ info@biamaore.it, 💻 www.biamaore.it
- Für Tour 17: Direkt am Startpunkt der Wanderung befindet sich das Ostello Bellavista, das eine gute Übernachtungsmöglichkeit darstellt. Ostello Bellavista, Via Pedralonga, 08040 S. Maria Navarrese, ☏ 00 39/07 82/61 40 39, ✉ info@ostelloinogliastra.com, 💻 www.ostelloinogliastra.com
- Für Tour Nr. 18, 19 und 20: Sehr schöne Zimmer bietet das B&B I Colori del Poggio bei Capoterra, Località Poggio dei Pini, Strada 8, n. 10, 09012 Comune di Capoterra, ☏ 00 39/334/253 30 10, ✉ info@icoloridelpoggio.it, 💻 www.icoloridelpoggio.it

- Für Tour 21, 22, 23 und 24: Eine schöne Unterkunft in der Region ist das Agriturismo Rocce Bianche. Ein Erlebnis ist das gemeinsame Abendessen mit den anderen Gästen. Stefano spricht Deutsch und kümmert sich mit seiner Familie liebevoll um die Gäste. Rocce Bianche, Località Bidderdi, 09031 Arbus, ☏ 00 39/07 097/561 27, roccebianche.agristurismo@gmail.com, www.bidderdi.it
- Für Tour Nr. 26 und 27: In Santu Lussurgiu empfiehlt es sich, im Albergo Diffuso Antica Dimora del Gruccione zu nächtigen. Die Zimmer sind auf verschiedene Häuser im Ort verteilt, man kann seinen Kaffee unter einem großen Zitronenbaum genießen. Höhepunkte sind die hervorragende Küche und das wunderbare Frühstücksbuffet. Die Chefin spricht Deutsch. Albergo Diffuso Antica Dimora del Gruccione, Via Michele Obinu 31, 09075 Santu Lussurgiu, ☏ 00 39/07 83/55 20 35, info@anticodimora.com, www.anticadimora.com
- Für Tour Nr. 28, 29 und 30: In Monteleone Rocca Doria befindet sich das B&B Brancadoria. Frühstück und Abendessen auf der sonnigen Dachterrasse sind ein Traum. B&B Brancadoria, Via Doria 22, 07010 Monteleone Rocca Doria, ☏ 00 39/347/264 86 97
- Für Tour Nr. 31 und 32: Eine schöne Unterkunft in der Gegend ist das B&B Graziano e Barbara. Vor allem das Frühstück ist sehr zu empfehlen. Agriturismo B&B Graziano e Barbara, Località Guardia Grande 89, 07040 Alghero, ☏ 00 39/079/91 91 77, info@grazianoebarbara.it, www.grazianoebarbara.it

Ansonsten finden Sie auf der Insel viele Unterkunftsmöglichkeiten für jeden Geschmack.

Verkehrsmittel

Reisen Sie mit dem eigenen Auto und der Fähre nach Sardinien, sind Sie in Ihrem Urlaub maximal flexibel. Bei einer Anreise mit dem Flugzeug mieten Sie sich am besten einen Mietwagen. An allen Flughäfen finden Sie Büros der Mietwagenfirmen. Achten Sie bei der Buchung und dem Preisvergleich auf die Mietwagenbedingungen wie Versicherungsleistungen und Selbstbeteiligung.

Sardinien verfügt zwar über ein gutes Busnetz, allerdings sind viele Startpunkte für Wandertouren nicht mit dem Bus erreichbar. Somit empfiehlt sich unbedingt ein Auto. Einige Wege führen allerdings über ziemlich raue Schotterpisten.

Wenn Busverbindungen vorhanden sind, was leider sehr selten der Fall ist, haben wir diese im Buch angegeben.

Sardinien gilt als relativ sicheres Reiseziel. Trotzdem sollten Sie keine Wertsachen offen im Auto liegen lassen.

Geschäftszeiten

Die Läden auf Sardinien haben in der Regel Montag bis Samstag von 8:30 bis 12:30 und 17:00 bis 20:00 geöffnet. Manche Supermärkte öffnen sonntags.

Notruf

Allgemeiner Notruf und Notruf der Berg- und Höhlenrettung: 118
Polizei: 112

Klima und Reisezeit

Beste und schönste Reisezeit für Sardinien ist das Frühjahr ab Mai, wenn auf der Insel alles blüht. Sehr schön zum Wandern ist auch der Herbst. Juli und August sollten Sie besser meiden. Dann wird es meistens schon sehr heiß, zudem herrscht auf der Insel ziemlicher Trubel durch die vielen Badetouristen. Obwohl es auf Sardinien außer im Winter nur selten regnet, kann dies schon einmal vorkommen. Daher sollten Sie unbedingt warme Kleidung und eine Regenjacke mit in den Urlaub nehmen. Ein Pullover und eine Windschutzjacke (Softshell) gehören beim Wandern in jeden Rucksack, vor allem bei Touren im Gebirge. Eine Regenjacke sollten Sie gerade für unsicheres Wetter einpacken. Wir waren bei unseren Recherchen im Frühjahr vor allem über unsere Daunenjacke und eine Mütze froh. Dies bildet aber natürlich die Ausnahme. Meistens herrscht trockenes, warmes Wetter, das sich ideal zum Wandern eignet. Achten Sie aber bei jeder Tour auf Sonnenschutz und ausreichend Getränke.

Wanderinfrastruktur

Das Wegenetz zum Wandern auf Sardinien ist völlig unterschiedlich. Es reicht von sehr gut markierten und gepflegten Wegen wie zum Beispiel auf Caprera, am Monte Arcuentu und am Monte Limbara bis hin zu undeutlichen, unmarkierten Pfaden. Sie benötigen für viele Touren gutes Orientierungsvermögen. In den Infos zu jeder beschriebenen Wanderung weisen wir darauf hin, wie der Weg markiert ist.

Oft geht es über sehr unebenen Untergrund, z. B. Geröllfelder. Deshalb braucht man auf einigen Strecken länger, als die Kilometerzahl vermuten lässt.

Für alle Wanderungen empfehlen wir gute Wanderschuhe mit Profilsohle. Bei steileren Wegen verrichten Wanderstöcke einen guten Dienst. Einige Wege führen durch dichte Macchia, eine Gebüschformation, die für Gebiete mit mediterranem Klima typisch ist. Dabei handelt es sich um Büsche, deren Äste miteinander verflochten sind. Die dorn- und stachelbesetzten Pflanzen sind für Menschen nur schwer durchquerbar. Hier empfiehlt sich eine lange Hose und ein langes Oberteil zum Schutz gegen die wirklich langen und gemeinen Dornen. Selbstverständlich gehört auch ein Erste-Hilfe-Set in den Rucksack.

Wandern mit Kindern

Die Wanderungen auf Sardinien sind sehr unterschiedlich, von leichten Wanderungen bis hin zu schmalen Pfaden, die Trittsicherheit erfordern und somit nur für ältere, erfahrenere Kinder geeignet sind. Inwieweit die Wege für Kinder machbar sind, beschreiben wir bei jeder Wanderung in diesem Buch. Achten Sie immer auf guten Sonnenschutz und ausreichend Getränke.

Leider konnten wir auf der ganzen Insel keine Touren finden, die für den Buggy geeignet sind. Kleinere Kinder tragen Sie am besten in einer Kindertrage.

Wandern mit Hunden

Wenn Sie mit Ihrem Hund nach Sardinien möchten, sollten Sie beachten, dass Sie immer Leine und Maulkorb mitführen müssen. Zudem sind Hunde in allen öffentlichen Gebäuden sowie an vielen Stränden verboten. Auch in Restaurants sind Tiere leider nicht erlaubt, zumindest ist die Mitnahme unüblich. Sie sollten sich vor Reisebeginn also unbedingt über die Situation vor Ort erkundigen. Möchten Sie Ihren Hund trotzdem mitnehmen, so muss er den blauen EU-Heimtierpass mit sich führen. Ein implantierter Mikrochip ist ebenfalls zwingend erforderlich. Sardische Vorschrift ist die Tollwutimpfung.

Auf Sardinien gibt es Leishmaniose, die von der Sandmücke übertragen wird. Die Krankheit verläuft unbehandelt häufig tödlich. Deshalb sollten Hunde unbedingt einen Impfschutz erhalten.

Viele unserer Wanderungen sind für die Mitnahme von Hunden geeignet. Beim Wandern über Tierweiden sollten Sie aber unbedingt eine Leine benutzen. Zudem muss das teilweise scharfkantige Kalkgestein beachtet werden. Da es für

Ihren Hund beim Wandern in der Sonne sehr heiß wird und häufig Wasser fehlt, denken Sie bitte auch an genügend Wasser für Ihren Hund.

Karten, GPS und Literatur

Gute Wanderkarten für Sardinien sind ein Problem. Es existieren zwar alte Militärkarten, diese sind aber ziemlich ungenau und schon ganz schön veraltet. Zum Wandern können wir diese Karten nicht empfehlen, zudem sind sie nicht ganz billig.

Neue Karten zum Download gibt es von der sardischen Forstbehörde, aber in der Praxis haben uns diese nicht besonders weitergeholfen.

Wir waren letztlich eigentlich nur mit einem guten GPS-Gerät unterwegs. Die Karten (Satmap) waren ziemlich genau, sodass wir nur selten Orientierungsprobleme hatten. Mit den Beschreibungen aus diesem Buch und den GPS-Tracks, die Sie kostenlos von der Website des Verlags (www.conrad-stein-verlag.de) herunterladen können, sollten Sie eigentlich gut zurechtkommen.

Wir geben zwar in diesem Wanderführer ein paar Sehenswürdigkeiten an, empfehlen Ihnen aber trotzdem die Mitnahme eines kleinen Reiseführers. Unser Tipp: „Sardinien. Zeit für das Beste" von Herbert Taschler/Udo Bernhart (Bruckmann Verlag). Das Buch beschreibt zwar nicht jedes Restaurant, ist aber ein schöner und kompakter Reiseführer mit allen Informationen, die Sie für Ihren Wanderurlaub benötigen.

☺ Zwei der in diesem Führer beschriebenen Wanderwege laufen durch mehr oder weniger flaches Gelände ohne nennenswerte Höhenunterschiede. In diesen Fällen wurde auf die Darstellung eines Höhenprofils verzichtet.

Updates

Der Conrad Stein Verlag veröffentlicht Updates zu diesem Wanderführer, die direkt von uns oder von Lesern des Buches stammen. Sie finden diese auf der Verlagshomepage www.conrad-stein-verlag.de. Der rechts abgebildete QR-Code führt Sie direkt dorthin.

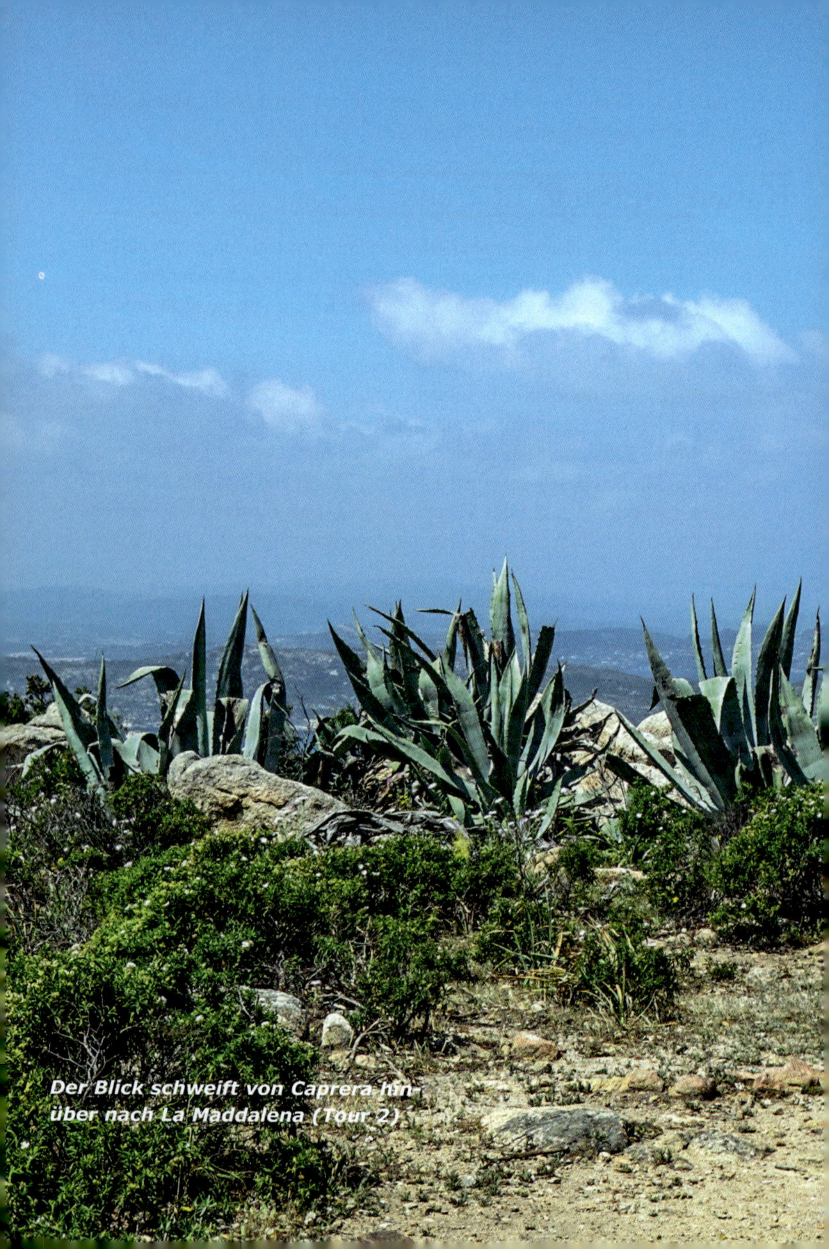

Der Blick schweift von Caprera hinüber nach La Maddalena (Tour 2)

Norden

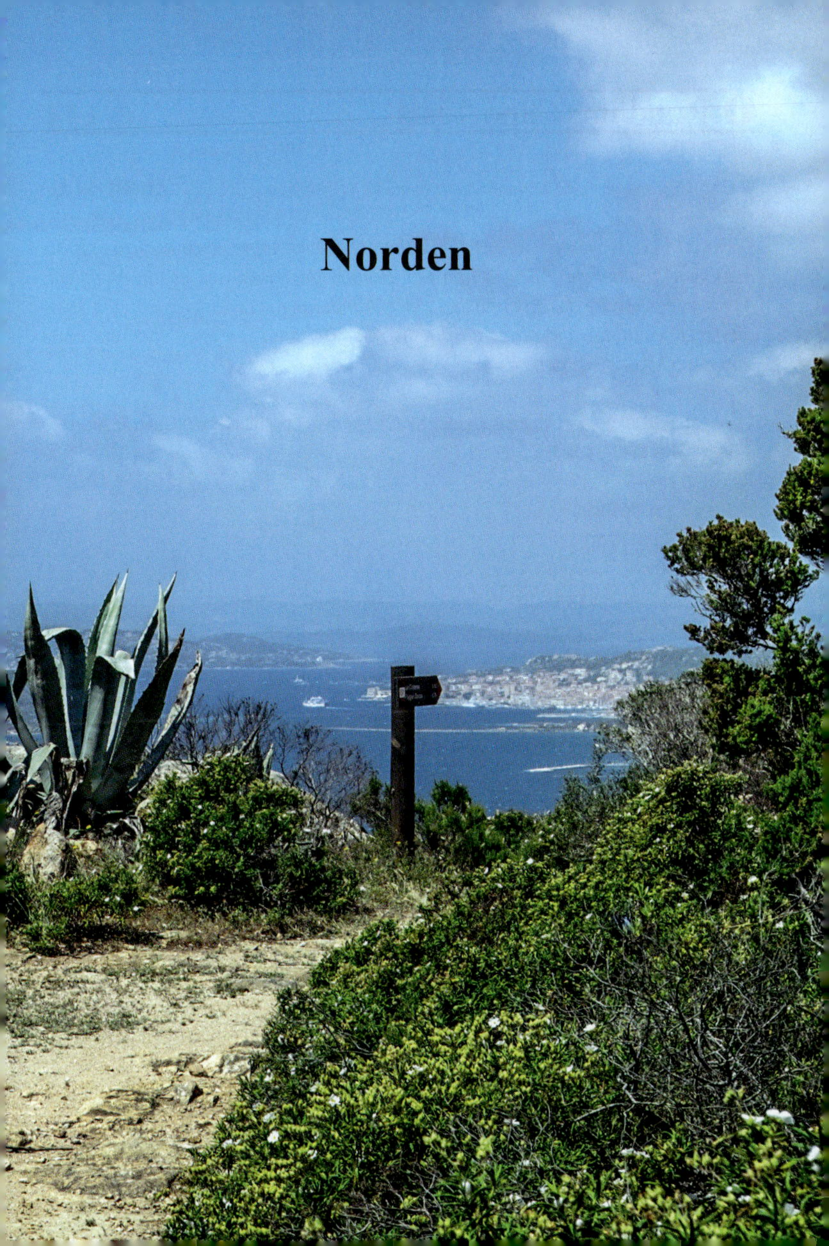

❶ Rund um Capo Testa

Tour für Erforscher und Wanderer mit Fantasie

Wind und Wetter haben auf der nördlichen Halbinsel Capo Testa bizarre Felsformationen geschaffen. Allein schon der Besuch der Halbinsel ist ein Highlight. Noch intensiver ist das Erlebnis bei einer Wanderung. Wir empfehlen eine komplette Umrundung, die etwas anspruchsvoller ist. Sie kann aber auch auf einer Variante verkürzt werden.

- Start/Ziel: Parkplatz am Ende der Straße vor dem Leuchtturm von Capo Testa, GPS N 41°14.581' E 009°08.791'
- 5 km
- 3 Std. 45 Min.
- 113 m/113 m
- 5-66 m
- teilweise Markierungen in Form von roten Punkten, nicht immer eindeutig, Steinmännchen
- keine Einkehrmöglichkeiten unterwegs, Kiosk am Parkplatz
- Rastplätze direkt oberhalb des Parkplatzes
- Das Kraxeln über die märchenhaften Felsen macht Kindern Spaß. Der erste Teil bis zur Abzweigung am Valle della Luna ist für Kinder ab 10 Jahren zu empfehlen, der letzte Abschnitt nur für ältere Kinder ab 14 Jahren (wackelige Blöcke).
- Der erste Teil bis zum Valle della Luna kann mit größeren Hunden begangen werden. Der zweite Abschnitt ist nicht zu empfehlen.
- P Folgen Sie von Santa Teresa di Gallura den Wegweisern zum Capo Testa. Sie können am Ende der Straße parken.

Vom **P** Parkplatz am Ende der Straße gehen Sie durch das Tor und entscheiden sich gleich nach einem Schild für den nach rechts abzweigenden Weg. Dieser führt zu den ersten eindrucksvollen Granitfelsen. Sie wandern auf dem Steig abwärts, „zwängen" sich an einem ersten Felsen vorbei und gehen auf den Steigspuren bis zu vielen Felsen, an denen der Pfad scheinbar endet. Hier bietet sich eine grandiose Aussicht auf das Meer. Bei gutem Wetter können Sie sogar die Küste von Korsika erkennen. Für den Weiterweg gehen Sie ein paar Meter zurück, bis nach rechts ein heller Granitstreifen abzweigt, dem Sie nun folgen. Sie kom-

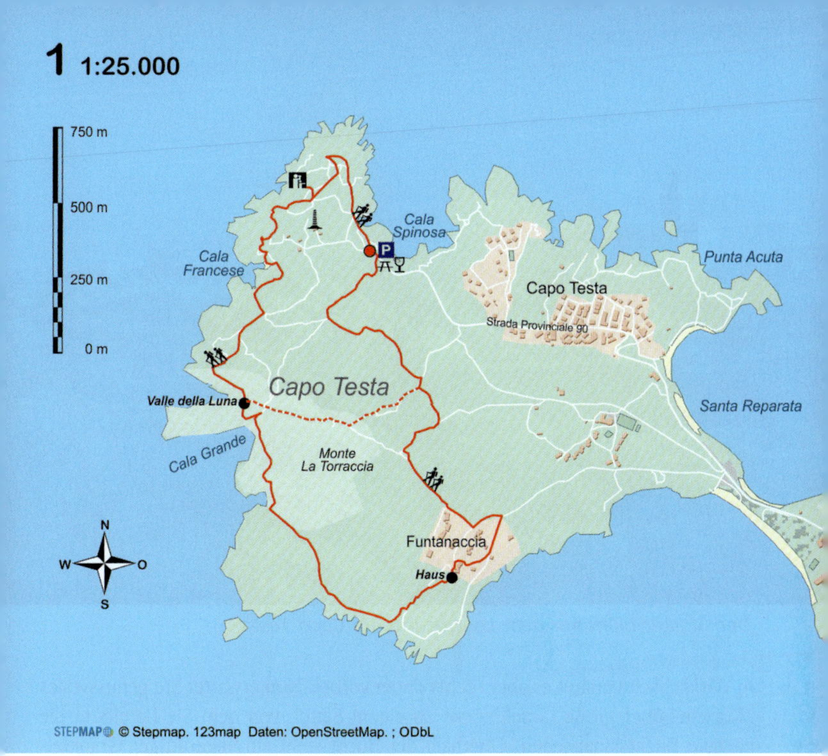

men zu einem Kamm, an dem Sie den Leuchtturm vor sich sehen, und spazieren auf einem Pfad nach rechts. Dieser ist nun mit roten Punkten markiert und bringt Sie über einen kleinen Sattel hinunter in ein Tälchen. Hier sehen Sie

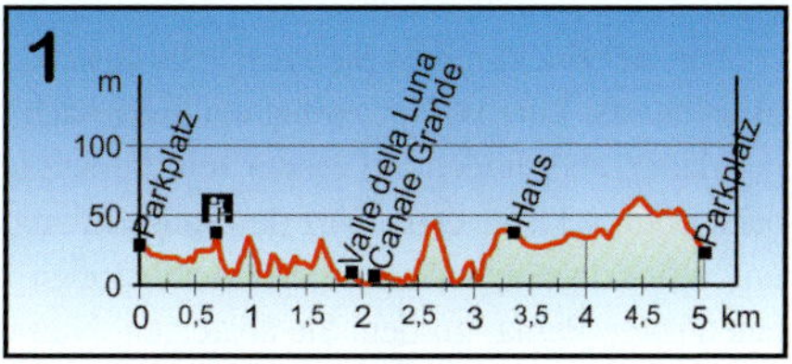

rechts Stufen, auf denen Sie zu einem Felsen aufsteigen können. Die Treppe ist allerdings etwas exponiert und erfordert Vorsicht. Nach dem kurzen Abstecher wandern Sie durch das kleine Tal entlang des rot-markierten Hauptweges hinunter zur nächsten Bucht. Unten gehen Sie nach links in Richtung des alten Leuchtturms. Der Steig führt auf einen großen Felsen zu, an dem er zu enden scheint.

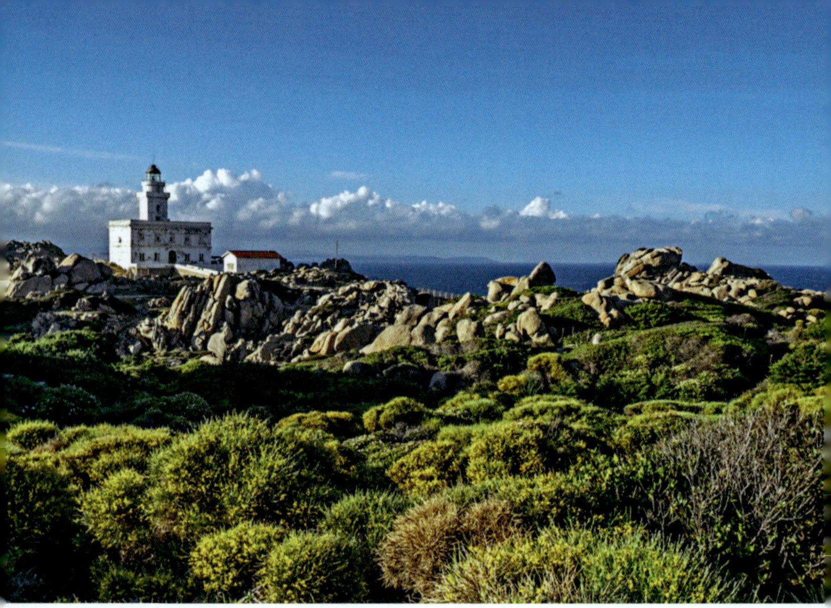

Der Ginster blüht vor dem Leuchtturm am Capo Testa

In Wirklichkeit verläuft er aber rechts daran vorbei. Nun erwartet Sie genussvolles „Kraxeln" über große Granitblöcke zu einem Sattel, von dem Sie bereits in die nächste Bucht hinabsehen. Oberhalb der Bucht steht ein fingerartiger Granitfelsen. Die roten Punkte zusammen mit den deutlichen Steigspuren leiten Sie hinunter in die schöne Bucht.

Von der Bucht gehen Sie nach links durch das Haupttal in Richtung eines alten Steinhauses. Kurz vorher zweigt ein Steig nach rechts ab und führt über eine kleine Mauer. Hier finden Sie wieder rote Punkte und einen alten roten Pfeil, der Sie nach oben schickt. Dort führt der Steig entlang der Felsen nach rechts. Sie sehen unter sich in einem Sattel vor einem großen Felsblock auf einem Stein wieder einen roten Punkt, zu dem Sie absteigen. Nun versperrt ein großer Felsriegel den Weiterweg. Am einfachsten klettern Sie links von dem Felsblock über grobes Blockwerk bergab und erreichen hier wieder deutlichere Steigspuren. Diese führen Sie zu einer Sandterrasse hoch über der Bucht. Von hier folgen Sie dem Steig nach links, bis Sie auf einen Querweg treffen. Auf diesem wandern Sie nach rechts zu einer Wiesenterrasse, die sich über der nächsten Bucht befindet. Sie gehen nun nicht nach rechts zur Bucht, sondern spazieren auf dem etwas oberhalb verlaufenden Weg weiter. Er bringt Sie durch eine wilde Granitlandschaft zur nächsten Bucht. Rote Punkte navigieren Sie sicher durch das Felsenlabyrinth. Nun wandern Sie auf einfachem Weg nach links bis zum Totem am Ende des Valle della Luna. Hier besteht eine direkte Abkürzungsmöglichkeit, die vor allem für kleinere Kinder zu empfehlen ist.

Entscheiden Sie sich für die Abkürzung, wandern Sie auf dem guten Wanderweg durch das eindrucksvolle Tal, das sich bald verengt. Sie kommen zu zwei großen Granitblöcken, die schon seit der Römerzeit auf ihren Abtransport warten. Wenig später erreichen Sie eine Abzweigung, an der Sie nach links gehen. Der Steig bringt Sie durch die Macchia zur hier beschriebenen Hauptroute.

Der Weiterweg auf der Hauptroute ist zwar nicht ausgesetzt, führt aber teilweise über ziemlich wackelige Blöcke.

Valle della Luna
In den 70er-Jahren war das Tal vor allem bei Hippies beliebt. Hier siedelten zahlreiche Aussteiger. Inzwischen ist das Tal unter Naturschutz gestellt und das Campen verboten. Trotzdem passieren Sie im nächsten Abschnitt der Wanderung ein paar provisorische Behausungen. Einen besonderen Reiz besitzt das Tal bei Vollmond. Der Mondschein auf den märchenhaften Granitfelsen sorgt für eine magische Stimmung.

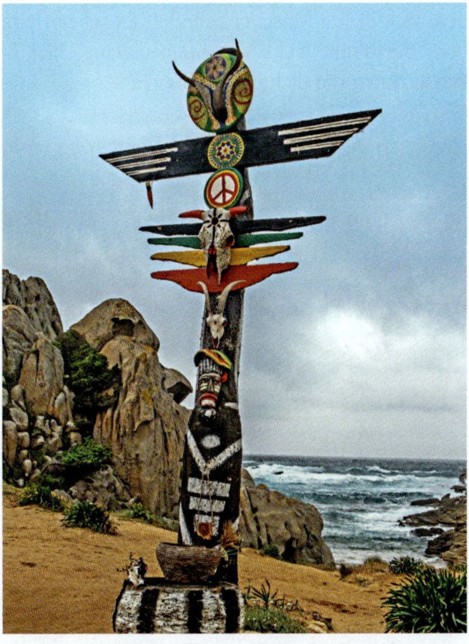

Der Marterpfahl am Valle della Luna

Auf einem Pfad wandern Sie in die nächste Bucht, die Cala Grande.

Gegenüber sehen Sie provisorische Hippiebehausungen. Um hinüber zu gelangen, müssen Sie über dem Meer an dem rechten Felsklotz vorbeiklettern. Dabei handelt es sich um die erste richtig knifflige Stelle der Tour. Bald schon kommen Sie wieder an Steigspuren, die Sie zu den Behausungen bringen. Der Weiterweg zieht rechts an den Schlafstätten vorbei und zwängt sich dabei zwischen Fels und Macchia hindurch zu einer kleinen grasigen Terrasse. Hier gehen Sie nach links und durchqueren die Macchia zur nächsten Bucht. Sie erreichen einen Sandstrand, über den Sie bis zur hinteren Ecke wandern. Hier öffnet sich ein gewaltiges, mit großen Blöcken gefülltes Tal. Am rechten Rand des Tales steigen Sie über Steigspuren bergauf. Einzelne Steinmännchen weisen Ihnen den Weg. Ist der Abschnitt zu Beginn noch recht einfach, werden die Blöcke bald größer und wackeliger. Sollten Sie Schwierigkeiten bekommen, so empfiehlt es sich umzudrehen und die Tour über das Valle della Luna abzukürzen. Sie balancieren von Steinmann zu Steinmann, teilweise helfen blaue Markierungspunkte bei der Orientierung. Sie kommen an einen großen Stein, hinter dem sich dichte Macchia befindet. Es scheint nirgendwo weiterzugehen. Wandern Sie direkt rechts am Stein entlang, hier öffnet sich überraschend eine Gasse durch die dichte Macchia.

Zwischen den Felsen führt die Wanderung hindurch

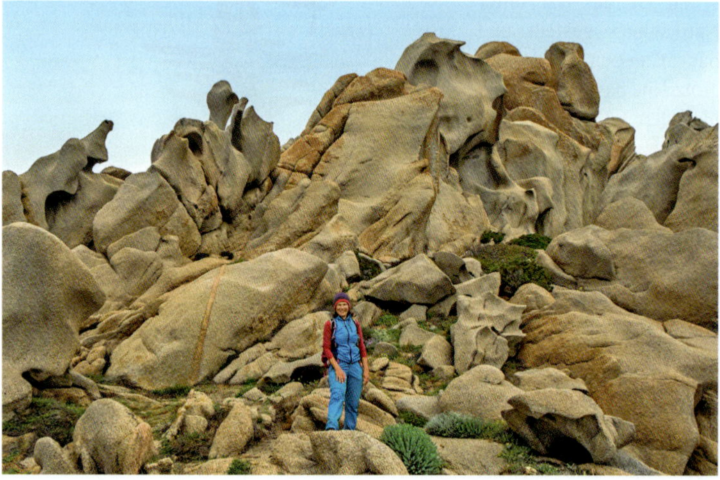

Am Ende der Gasse zeigt Ihnen ein Steinmann, dass Sie richtig sind. Sie folgen dem Steig hinunter zu einer sandigen Terrasse mit vielen Steinmännchen. Anschließend spazieren Sie mit den Steigspuren direkt an der Küste entlang. Dieser Abschnitt ist aufgrund der vielen Steinmännchen gut zu finden. Dort, wo es nicht mehr weitergeht, zweigen Steigspuren nach links ab, hier steigen Sie steil bergauf. Die Steinmänner leiten Sie von der Küste weg zu einer relativ neuen Mauer.

Auf einer Freifläche vor der Macchia teilen sich die Wege. Sie nehmen den rechten Steig, der direkt auf ein Haus zuführt. Hier teilen sich die Wege erneut. Der linke bringt Sie durch die Macchia zum Haus. Rechts am Haus vorbei erreichen Sie eine Straße. Auf dieser biegen Sie nach links ab und wandern an einigen schönen Häusern vorbei bis zu einem grünen Gatter. Nach diesem wenden Sie sich links auf eine Straße und kommen bald zu einem Strommast. Hier folgen Sie einer Sandstraße nach rechts und gelangen kurz darauf an einen Linksknick. Über ein paar Granitblöcke wandern Sie nach rechts auf einen schmalen Weg. Auf diesem durchqueren Sie die Macchia und kommen an eine weitere Wegverzweigung. Hier gehen Sie noch ein paar Meter nach rechts zu ein paar Schildern. Links ginge es in das Valle della Luna. Sie entscheiden sich aber für den rechten Weg, der Sie durch wunderbar duftende Macchia zu einer Straße bringt. Auf dieser spazieren Sie nach rechts bis zu einem roten Hydranten. Jetzt zweigt nach links ein Weg ab, auf dem Sie zu einem ⛼ Picknickplatz wandern. Sie befinden sich nun bereits in der Nähe des 🅿 Parkplatzes, den Sie in wenigen Minuten absteigend erreichen.

Santa Teresa di Gallura

Nach der Wanderung sollte man dem nahen Santa Teresa di Gallura unbedingt noch einen Besuch abstatten. Der Ort mit seinen 5.000 Einwohnern zählt zu den beliebtesten Touristenstädten Sardiniens. Er wurde 1808 von König Vittorio Emanuele I. gegründet, der sie nach seiner österreichischen Frau Maria Teresa benannte. Die Stadt entstand am Reißbrett. Von der Piazza Vittorio Emanuele verzweigen sich die Straßen schachbrettartig.

② Über die Insel Caprera

Tour für Meeresblicker

Der La-Maddalena-Archipel zählt zu den schönsten Naturparadiesen Sardiniens und steht unter Naturschutz. Auf der kleinen Nachbarinsel Caprera wurden in den letzten Jahren viele schöne Wanderwege angelegt, die sehr gut markiert sind. Wir stellen hier eine Kombination aus den vorhandenen Wegen vor.

Start/Ziel: Parkplatz auf Caprera, südlich von Borgo di Stagnali, GPS N 41°11.774' E 009°27.435'

15,6 km

5 Std.

↑ ↓ 302 m/302 m

⇧ 0-212 m

komplett markierte Wege

keine Einkehrmöglichkeiten

Rastplätze an der Cala Stagnali (km 14,5)

Bademöglichkeit in der Cala Napoletana (km 8,5), Cala Caprarese (km 9,4) und Cala Garibaldi (km 11,8)

Die gesamte Tour ist aufgrund der Länge nur für größere Kinder ab 14 Jahren geeignet. Ganz besonders empfehlenswert sind die wunderschönen Strände auf Caprera, die auch für die Kleinen sehr gut geeignet sind. Besonders die Cala Napoletana lohnt einen Familienausflug. Unbedingt genug Wasser und Verpflegung mitnehmen.

Die Tour ist für Hunde geeignet, allerdings sollten Sie unbedingt Wasser mitnehmen, da sie sehr lang ist.

P Mit der Autofähre geht es von Palau nach La Maddalena, dann weiter über die Brücke zur Nachbarinsel Caprera. An der ersten Kreuzung fahren Sie nach rechts zum Parkplatz, direkt an einer Straßengabelung.

Die Fähren fahren im Sommer den ganzen Tag im Halbstunden- bzw. Stundentakt. Informationen zur Fährverbindung unter www.delcomar.it

Vom **P** Parkplatz gehen Sie kurz an der rechten Straße entlang und folgen dann dem nach links abbiegenden Weg Nr. 3, auf dem Sie in die Macchia eintauchen. Zwischendurch genießen Sie einen schönen Blick auf den höchsten Gipfel der Insel, den Monte Tejalone. Aber auch der Blick auf das Meer und die Nachbarinsel La Maddalena ist wunderschön. Sie erreichen wieder die Straße und wandern auf ihr nach links. Kurz nachdem die Straße nicht mehr geteert ist, zweigt nach rechts Weg Nr. 6 ab. Dieser führt durch die Macchia aufwärts bis in einen Sattel neben auffälligen Granitfelsen. Sie befinden sich wenige Meter unter Poggio Zonza. Links verlaufen Wegspuren zu einem Kreuz und einer Madonna. Vom Sattel blicken Sie direkt hinüber zum Tejalone.

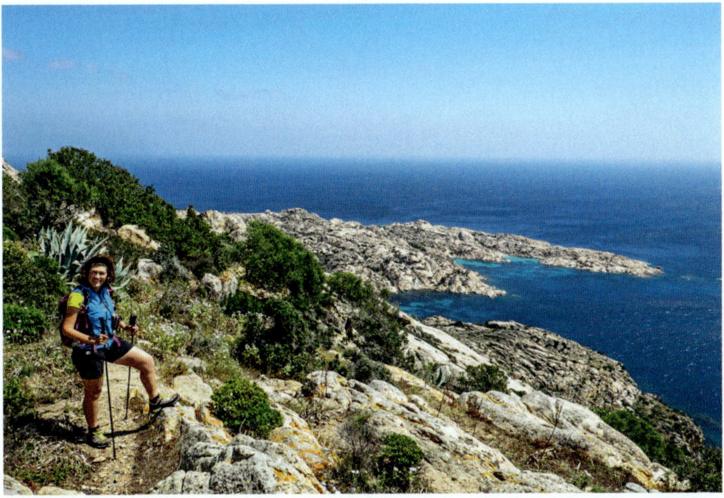

In der Nähe des Monte Tejalone

Sie folgen dem Weg auf der anderen Seite des Sattels abwärts, bis rechts ein Steig zum Monte Tejalone abzweigt. Auf diesem steigen Sie in einigen Kehren bergauf bis zu einer Wegkreuzung an einem verfallenen Haus. Rechts vom Haus schickt Sie ein Wegweiser über Treppenstufen in Richtung Gipfel. Oben auf dem Rücken angekommen, wenden Sie sich nach links zum Gipfelaufbau und wandern über die Treppen entlang von baufälligen Geländern zum Gipfel, von dem Sie eine großartige Aussicht auf das Meer, La Maddalena sowie die restliche Insel genießen. Anschließend kehren Sie wieder zurück zur Wegteilung und nehmen hier den rechten Weg, der Sie hinunter zur Teerstraße bringt. Auf dieser gehen Sie bis kurz vor das Fort di Arbuticci. Dabei ignorieren Sie die nach rechts abzweigenden Wege zum Poggio Stefano und zur Cala Coticcio.

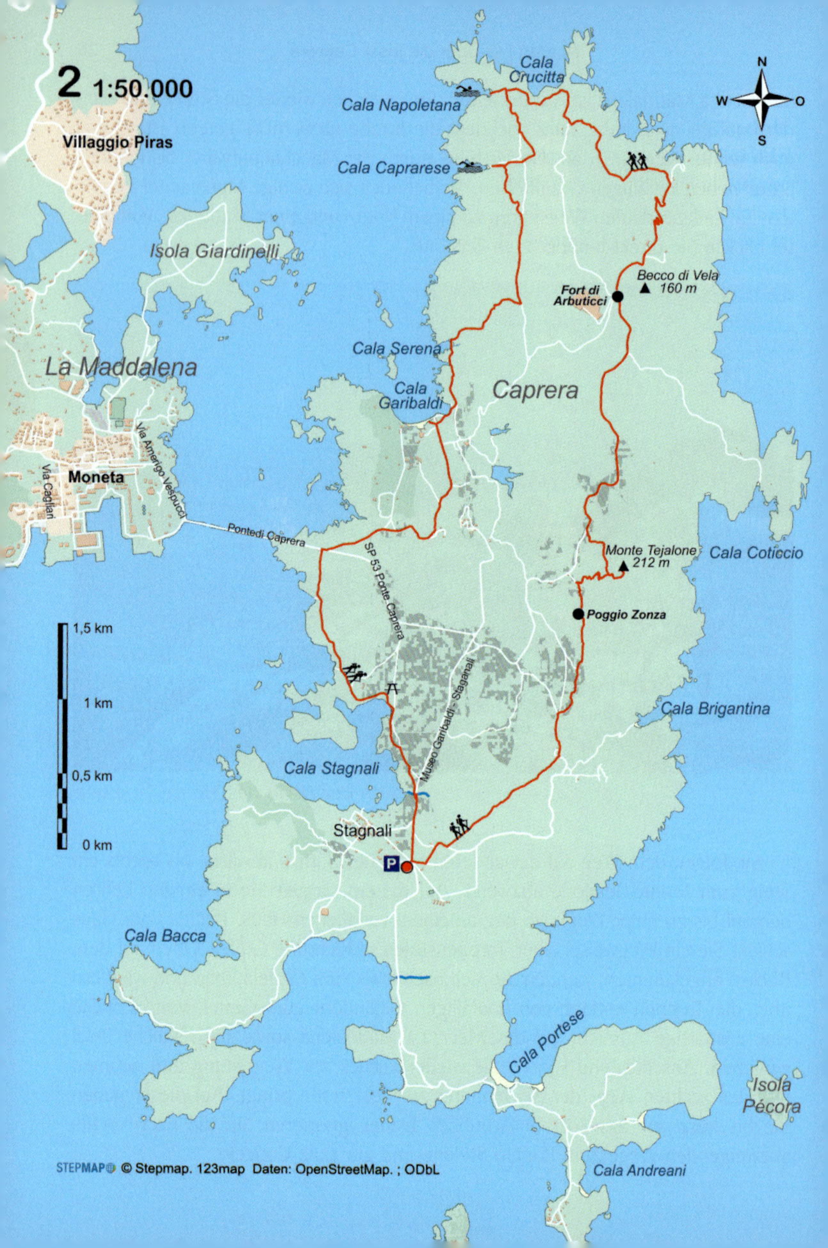
2 1:50.000
Villaggio Piras
Isola Giardinelli
La Maddalena
Moneta
Via Amerigo Vespucci
Via Cagliari
Pontedi Caprera
Cala Crucitta
Cala Napoletana
Cala Caprarese
Becco di Vela
160 m
Fort di Arbuticci
Cala Serena
Cala Garibaldi
Caprera
Monte Tejalone
212 m
Cala Coticcio
Poggio Zonza
SP 53 Ponte Caprera
Museo Garibaldi - Staganali
Cala Brigantina
Cala Stagnali
Stagnali
P
Cala Bacca
Cala Portese
Isola Pécora
Cala Andreani
N
W
O
S
1,5 km
1 km
0,5 km
0 km
STEPMAP © Stepmap. 123map Daten: OpenStreetMap. ; ODbL

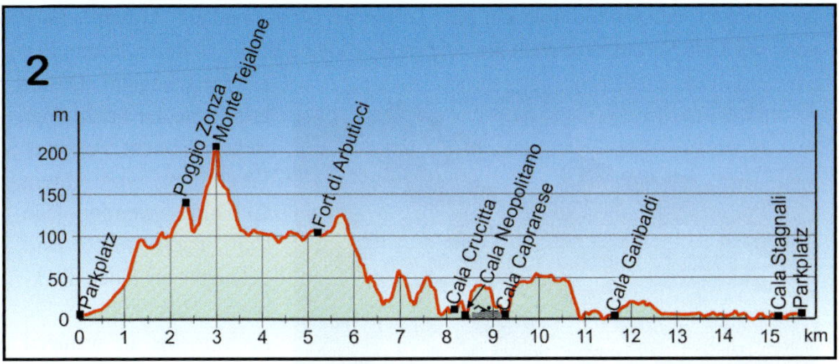

Beim Fort passieren Sie ein großes Informationsschild und wandern wenig später auf dem Weg Nr. 11 weiter. Dieser zieht sich sanft ansteigend hinauf zu einem Sattel, von dem Sie wieder hinunter zum Meer sehen. Sie ignorieren den nach rechts abzweigenden Fahrweg und folgen dem Wanderweg in einigen Kehren bergab bis kurz vor das Meer. An einer Wegkreuzung nehmen Sie den nach links abzweigenden Steig in Richtung Cala Neopolitano. Der Pfad verläuft zuerst parallel zur Küste, biegt dann nach links ab und steigt ein paar Höhenmeter steil an. Anschließend erwartet Sie eine längere Wegstrecke in stetem Auf und Ab mit immer wieder schönen Blicken auf das blaue Meer. Auf einem Rücken kommen Sie zur nächsten Wegverzweigung. Jetzt wandern Sie auf dem rechten Weg steil hinunter zur Cala Crucitta. Nun verläuft der Weg etwas oberhalb der Küste, bis Sie oberhalb der Cala Napoletana angekommen sind, zu der Sie noch kurz hinabsteigen.

Von der Wegverzweigung nehmen Sie den Weg in Richtung Landesinneres. Dieser bringt Sie durch die Macchia bis zur nächsten Wegteilung. Hier biegen Sie nach rechts in Richtung Cala Caprarese ab. Der Steig führt vorbei an bizarren Granitfelsen bis zur Wegverzweigung vor der Cala. Wenn man nach rechts geht, ist man in wenigen Minuten in der engen, aber sehr schönen Bucht.

Sie kehren wieder zurück zur Wegverzweigung und nehmen nun den rechten Weg, der Sie durch den Pinienwald zu einer schönen Hochfläche bringt. Hier erreichen Sie eine breite Sandstraße und einen Zaun. Sie folgen der Sandstraße entlang des Zaunes, bis nach rechts ein Weg abzweigt. Wenn Sie geradeaus weiterwandern würden, kämen Sie direkt zur Cala Garibaldi. Stattdessen gehen Sie nach rechts durch die Macchia und vorbei an Granitblöcken zur Cala Serena. Hier endet dieser Weg, am anderen Ende der Bucht beginnt der nächste. Um zu ihm zu gelangen, müssen Sie über ein paar Felsen am Strand entlang „kraxeln". Kurz nach der Cala Serena erreichen Sie eine weitere kleine Bucht, in deren linkem Eck ein Steig beginnt. Dieser bringt Sie zu noch einer weiteren Bucht. An einer Wegteilung vor einem Gebäude wenden Sie sich nach links und gelangen an einen Parkplatz. Hier können Sie nach rechts in wenigen Minuten zur Cala Garibaldi absteigen.

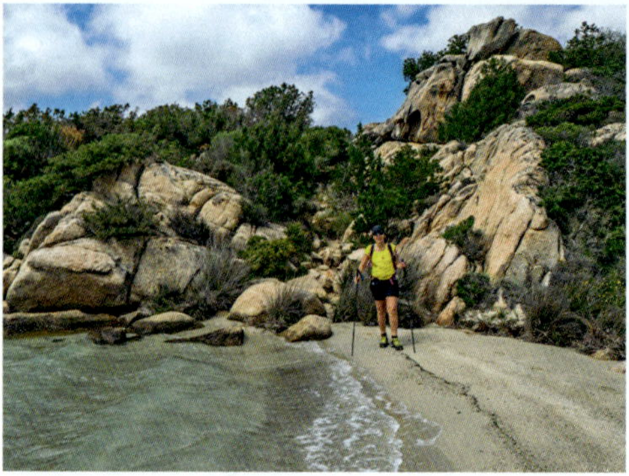

Immer wieder führt der Weg zu schönen Buchten

Anschließend wandern Sie auf dem breiten Fahrweg weiter, der vom Parkplatz direkt in Richtung Süden führt. Unterhalb eines Agriturismo geht er in eine Teerstraße über. Diese bringt Sie bis zur Fahrstraße unweit der Brücke, die von La Maddalena herüberkommt. Sie überqueren die Straße und folgen nun dem Weg Nr. 1 an der Küste entlang. Immer wieder gewährt er Ihnen schöne Ausblicke auf das Meer. Sie erreichen den Golfo degli Stagnali, eine schöne Bucht mit ⛼ Rastplätzen, und gehen an seinem Strand entlang. Der gut ausgezeichnete Weg bringt Sie zur Teerstraße, die Sie vor einem Bach betreten. Entlang der Straße wandern Sie in wenigen Minuten zurück zum 🅿 Parkplatz.

La-Maddalena-Archipel

Der La-Maddalena-Archipel besteht aus 62 Inseln. Die größte davon ist La Maddalena, die ebenso wie die Nachbarinsel Caprera ganzjährig bewohnt ist. Die Inselgruppe hat eine militärische Vergangenheit. Schon die Römer nutzten sie als Stützpunkt. Bis 2008 war hier sogar ein Stützpunkt der US-Armee. Inzwischen sind die Soldaten ab- und der Tourismus eingezogen. Nur 15 Min. dauert die Überfahrt von Palau nach La Maddalena. Die Nachbarinsel Caprera erreicht man über eine Brücke. Sie ist im Gegensatz zur großen Schwester kaum bewohnt. Auf Caprera befinden sich ein Delfinarium sowie der Alterssitz des italienischen Freiheitskämpfers Giuseppe Garibaldi (1807-1882).

③ Küstenwanderung bei Isola Rossa

Tour für Abenteurer

Auf dieser Wanderung werden Sie die roten Porphyrfelsen begeistern, die dem Ort den Namen „Isola Rossa" (rote Insel) gegeben haben. Sandstrände und Buchten laden große und kleine Wanderer zu einem Bad im Meer ein.

- Start/Ziel: Isola Rossa, GPS N 41°0.8581' E 008°52.358'
- 7,7 km
- 2 Std. 30 Min.
- 42 m/42 m
- 0-35 m
- keine Markierungen, gut ausgetretene Pfade
- Einkehrmöglichkeiten in Isola Rossa und am Kiosk am Sandstrand (km 1,6)
- keine Rastplätze, allerdings schöne Sitzmöglichkeiten auf den Steinen (km 3,5)
- Spiaggia La Marinedda (km 1,6)
- Die Tour ist eher leicht und ab 8 Jahren möglich. Kinder können jede Menge Fabelwesen in den Felsformationen entdecken. Am Übergang vom Sandstrand zum Steig gibt es eine kurze felsige Stelle, passen Sie hier auf Kinder auf. Der Sandstrand lädt zum Spielen und Baden ein.
- Es handelt sich zum größten Teil um unbefestigte Wanderpfade, deshalb ist die Strecke gut für Hunde geeignet.
- P Parken in Isola Rossa am Torre de Aragonese

Sie parken direkt unterhalb des P Torre de Aragonese in Isola Rossa. In wenigen Schritten steigen Sie hinauf zum ehemaligen Küstenwachturm, von dem Sie einen ersten schönen Blick auf das Meer genießen. Sie gehen rechts am Turm vorbei und folgen den Steigen, die oberhalb des Meeres in nordwestliche Richtung führen.

Beim Hinweg wählen Sie eher immer den linken Steig, auch wenn dieser teilweise etwas mehr zugewachsen ist. Die Aussicht auf das Meer ist hier allerdings viel schöner als ein paar Meter weiter im Landesinneren.

Sie passieren ein paar Decks, auf denen im Sommer von einem örtlichen Hotel Sonnenliegen aufgestellt sind. Der Steig bringt Sie durch ein Gatter in einer Steinmauer. Von hier folgen Sie dem breiten Weg, der geradeaus weiterzieht. An einer

Verzweigung ignorieren Sie die abzweigenden Wege und wandern weiter geradeaus. Wenig später können Sie hinunter zum Strand spazieren. Der Weg steigt allerdings gleich wieder hinauf zur Straße, die oberhalb des Strandes entlangführt. Gleich vor einer Bar gehen Sie dann aber wieder nach links hinunter zum Strand. Im Sommer bietet sich hier am Spiaggia La Marinedda eine schöne Bademöglichkeit. Über den feinen Sand laufen Sie bis zum Ende des Strandes.

Direkt neben dem letzten Haus kraxeln Sie über ein paar Felsen und erreichen wieder einen deutlichen Steig.

Der Übergang ist nicht schwierig, auf Kinder sollten Sie trotzdem ein wenig achtgeben.

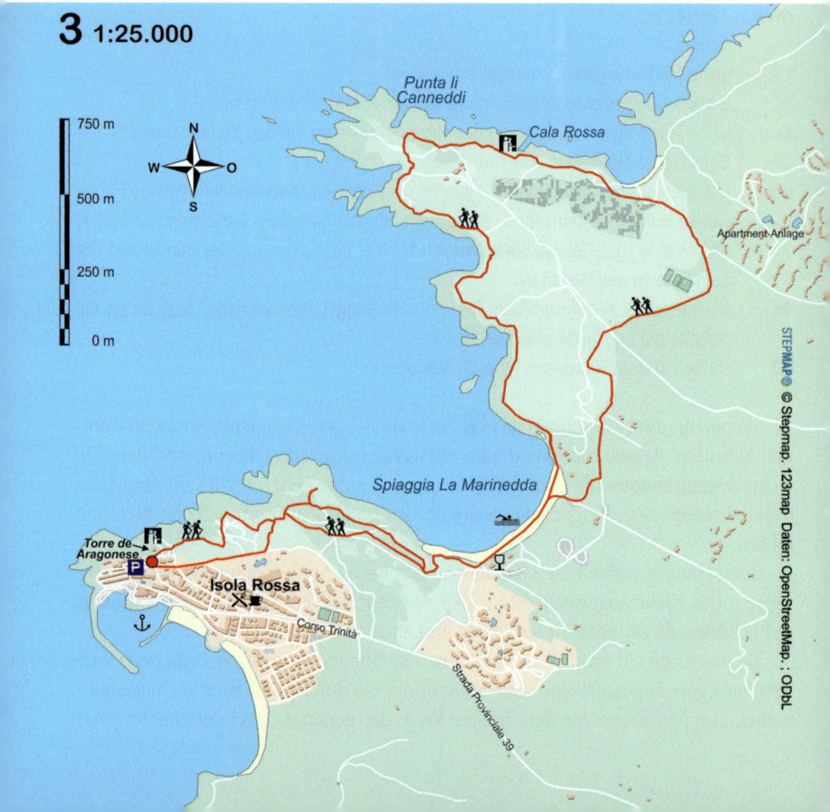

Der Steig verläuft immer oberhalb des blauen Meeres in nördlicher Richtung weiter. Sie kommen dabei teilweise an traumhaft schönen Porphyrfelsen vorbei und können die üppige Vegetation sowie den fantastischen Blick zum Torre de Aragonese genießen.

Der Weg führt durch sehr schöne, rote Porphyrfelsen

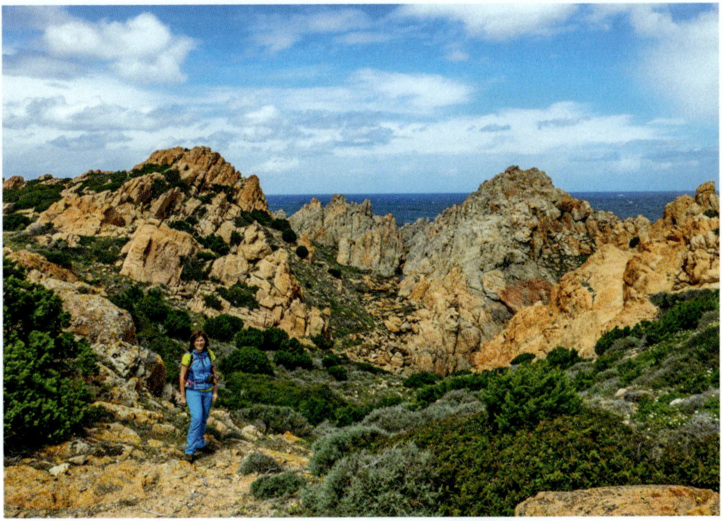

Es folgt ein kurzer Abstieg zu einer kleinen Bucht. Auf der anderen Seite steigen Sie wieder hinauf und wandern nach links steil bergauf. Zwischen Felsen schlängelt sich der Weg hindurch bis zur Punta li Canneddi, der nordwestlichsten Ecke der Landzunge. Hier biegt der Pfad nach rechts ab. Links von einem Zaun steigen Sie steil bergab und spazieren auf dem bald wieder deutlicheren Pfad weiter an der Küste entlang. Zwischen den Felsen kraxeln Sie wieder etwas aufwärts und wandern weiter zur Cala Rossa, einer schönen Bucht mit wunderbarer Aussicht.

Nun gehen Sie auf der breiten Schotterstraße, die hier beginnt, bis zu einer Straßenkreuzung. Dort nehmen Sie den rechten Weg und passieren ein paar Häuser. An der nächsten Kreuzung verlassen Sie die Straße und nehmen den geradeaus führenden Pfad, der Sie wieder in Richtung Meer bringt.

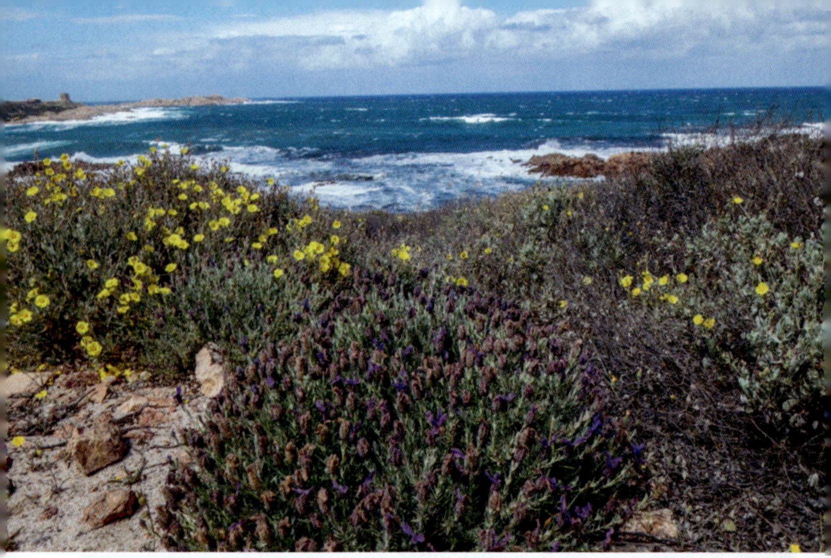

Überall blüht es im Frühjahr auf Sardinien

Anschließend biegen Sie nach links ab und treffen auf eine Schotterstraße, auf der Sie nach rechts wandern, bis Sie zu ein paar Häusern über dem Meer gelangen. Nach einem privaten Haus zweigt ein Weg nach rechts ab. Dieser bringt Sie hinunter zu einer Brücke, über die Sie wieder den Strand Spiaggia La Marinedda erreichen.

Auf dem bekannten Weg spazieren Sie zurück zum P Parkplatz am Torre de Aragonese in Isola Rossa. Beim Rückweg müssen Sie nicht mehr jede Bucht ausgehen, sondern können auf direktem Weg etwas weiter im Landesinneren zurück zum Parkplatz wandern.

Korkeichen

In der Gallura kommt man nicht an den Korkeichen vorbei, wird dort doch der qualitativ hochwertigste Kork angebaut. Die Korkernte braucht Geduld, erst in einem Alter von 25 Jahren kann der Baum zum ersten Mal geschält werden. Danach dauert es wieder 8 bis 10 Jahre bis zur nächsten Ernte. Die beste Qualität liefern die zweite, dritte und vierte Schälung, denn der sogenannte „weibliche Kork" ist feinporiger. Jedoch ist der Baum nach spätestens neun Schälungen verbraucht. Nach der Ernte werden die Korkplatten getrocknet, dann gekocht, gepresst und wieder getrocknet.

④ Über den Monte Limbara

Tour für Naturliebhaber

Der Monte Limbara ist der höchste Gipfel in der Gallura. Dementsprechend schön ist die Gipfelaussicht. Der Weg führt durch schöne Wälder, vorbei an eindrucksvollen Felsen und bietet immer wieder großartige Ausblicke. Der Gipfel selbst ist leider ziemlich verbaut, trotzdem finden sich auf der Tour viele schöne Plätze.

- Start/Ziel: Parkplatz Vallicciola, GPS N 40°51.0940' E 009°09.139'
- 9,5 km
- 3 Std. 30 Min.
- 386 m/386 m
- 997-1.336 m
- gute Markierungen und Wegweiser
- keine Einkehrmöglichkeiten auf der Tour
- Rastplätze an der Kapelle Madonna della Neve (km 6,8) und beim Parkplatz Vallicciola
- Die Tour kann mit Kindern ab 10 Jahren begangen werden. Die Felsen und der Wald laden zum Versteckspielen und Abenteuererleben ein. Am Ende der Tour wartet ein kleiner Spielplatz. Einfacher ist der Weg, wenn Sie von der Kapelle Madonna della Neve entlang der Straße in Richtung Parkplatz wandern. Kurz vor einer Linkskurve laufen Sie auf einem Waldweg nach links zu einer Wegabzweigung. Hier gehen Sie nach rechts zum Parkplatz (1 Std. von der Kapelle).
- Es handelt sich zum größten Teil um unbefestigte Wanderpfade, deshalb ist die Tour gut für Hunde geeignet.
- P Parkplatz Vallicciola. Anfahrt von Tempio Pausania in Richtung Oschiri, unterwegs biegen Sie nach links auf eine schmale Bergstraße ab.

Am P Parkplatz Vallicciola empfängt Sie eine Informationstafel über die Wanderwege am Monte Limbara. Von hier folgen Sie dem mit D markierten Steig durch den Wald in nördlicher Richtung bergab. Bald überqueren Sie eine Schotterstraße und wandern weiter gerade abwärts zu einer Brücke. Hier treffen Sie auf eine Wegkreuzung.

Sie folgen nun der Markierung A nach rechts. Auf dem Weg spazieren Sie ohne nennenswerte Steigungen weiter durch den Wald. Auf der linken Seite

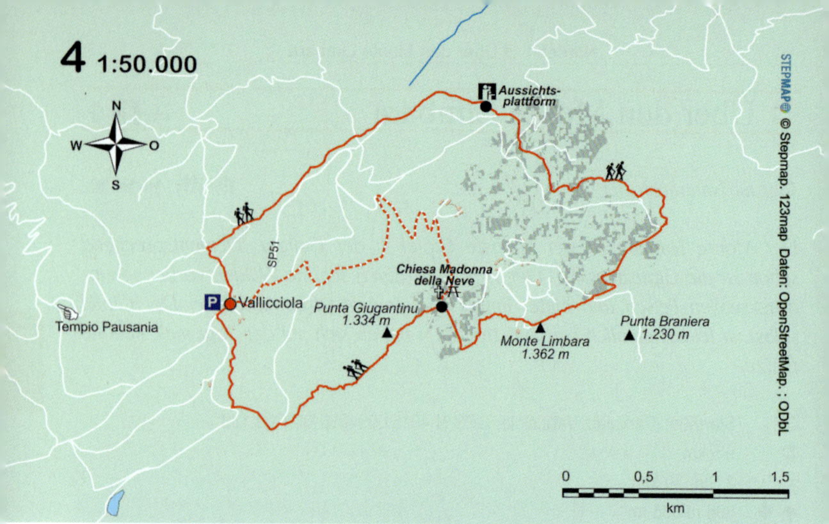

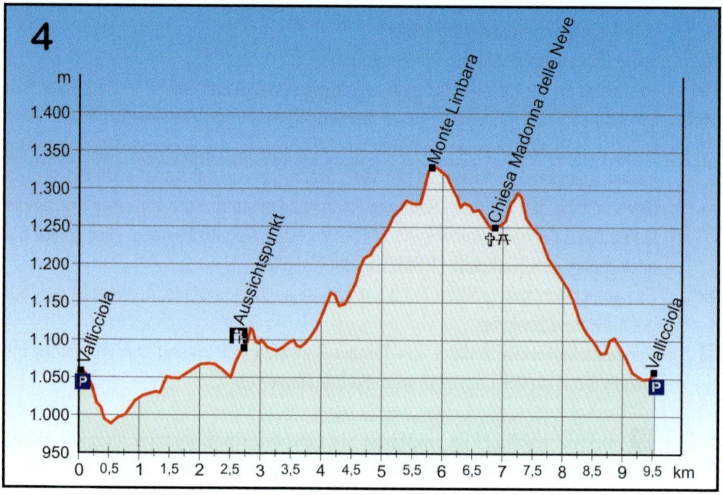

erkennen Sie hinter den Bäumen ein paar eindrucksvolle Felsen, die Sie passieren. Sie erreichen eine ebene Fläche, auf der wieder Wegweiser stehen.

Bald nimmt die Zahl der Bäume ab und Sie wandern über einen aussichtsreichen, steinigen Pfad. Dabei sollten Sie immer wieder einmal stehen bleiben. Es

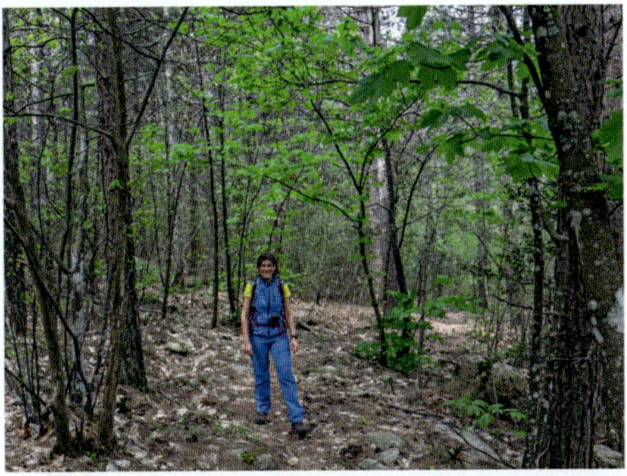

Zu Beginn der Wanderung geht es durch dichten Wald

bieten sich schöne Tiefblicke ins Tal und zum eindrucksvollen Massiv des Monte Bianco.

Der Weg wendet sich nach rechts, wird steiler und bringt Sie zu einer schönen, felsigen Aussichtsplattform. Hier können Sie ein wenig rasten und die Umgebung genießen.

Sie wandern auf dem kommenden Wegabschnitt immer wieder zwischen bizarren Granitgebilden hindurch. Am Ende steigen Sie hinauf zu einer Schotterstraße. Hier treffen Sie auf den Weg mit der Markierung B. Dieser führt auf der Straße bergauf zu einer weiteren Wegverzweigung. Sie ignorieren den nach links abzweigenden Steig und bleiben auf dem Weg B. Durch eine Rinne steigen Sie hinauf zum Gipfelplateau des Monte Limbara. Hier stehen jede Menge Antennenanlagen der italienischen Rundfunkanstalt RAI, die das Landschaftsbild leider etwas negativ beeinflussen.

Sie wandern quer über das Gelände und folgen dem Steig bergab, der Sie direkt hinunter zur ✝ Chiesa Madonna della Neve bringt. Wenige Meter entfernt an der Fahrstraße steht die Statue der Madonna della Neve (Schneemadonna). Im Bereich der Kirche erwarten Sie Bänke, auf denen Sie eine Pause einlegen können.

Hinter der Kirche führt ein gepflasterter Steig leicht bergauf und geht bald in einen schmalen Bergpfad über. Schließlich kommen Sie zum Wiesensattel Giugantinu. Das nahe Gipfelkreuz ignorieren Sie, da es nur Kletterern vorbehalten ist. Vom Sattel bietet sich ein wunderbarer Blick auf Tempio Pausania. Der Steig führt auf der anderen Seite in südwestlicher Richtung bergab. Sie wandern unterhalb des Gipfels hindurch und bleiben auf dem Steig, bis zu einer Straße. Dieser folgen Sie nach links, bis Sie kurz vor einer Wegkreuzung auf der rechten Straßenseite einen Markierungspfosten erkennen. Auf dem hier beginnenden Wanderpfad steigen Sie durch den steilen Wald bergauf. Der Weg biegt nach links ab und führt zwischen ein paar Felsen hindurch. Auf der Nordseite des kleinen Hügels geht es wieder bergab und Sie tauchen in den Wald ein. Durch diesen wandern Sie zurück zum Picknickplatz beim P Parkplatz Vallicciola.

Zum Abschluss noch ein kleiner Gegenanstieg, markiert mit zahllosen Steinmännchen

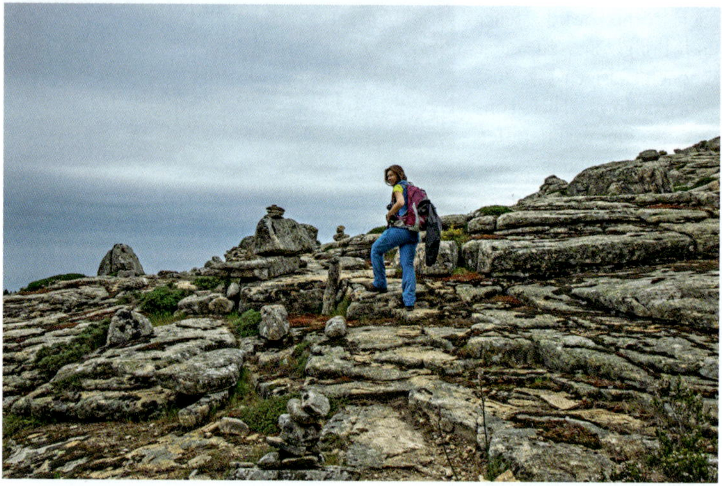

Tempio Pausania

Der Monte Limbara ist der Hausberg von Tempio Pausania. Die Stadt ist das Zentrum der Gallura im Nordwesten Sardiniens. In der Altstadt dominieren schmale Granitgassen mit alten Häusern, die das Ambiente einer sardischen Kleinstadt vermitteln. Der Ort ist ein idealer Standort für die Wanderungen in der nördlichen Gallura. Bei den Einheimischen ist Tempio Pausania vor allem als Luftkurort bekannt. In der Umgebung gibt es viele Korkeichenwälder. Ein Großteil der italienischen Korkproduktion stammt aus Sardinien. Schöne Einkehrmöglichkeiten in Tempio Pausania sind:

✕ Ristorante Il Giardino, Via Cavour 1, 07029 Tempio Pausania, ☏ 00 39/079/67 12 47

♦ Trattoria La Gallurese, Via Novara 2, 07029 Tempio Pausania, ☏ 00 39/079/639 30 12

5 Zwischen den Türmen von San Pantaleo

Tour für Bergsteiger

Über dem kleinen Ort San Pantaleo erheben sich markante Felstürme. Die Besteigung der Gipfel ist leider sehr schwierig, eine schöne Wanderung führt allerdings zu einer verfallenen Hütte am Fuß der Türme. Wir haben bei der Erkundung außerdem noch eine zweite Tour entdeckt, die bisher noch in keinem deutschsprachigem Wanderführer vorgestellt wurde.

- Start/Ziel: Parkplatz in San Pantaleo am Ende der Via Manzoni, GPS N 41°02.544' E 009°28.037'
- 7,1 km oder 6,3 km (Variante)
- 3 Std. oder 3 Std. (Variante)
- 315 m/315 m oder 332 m/332 m (Variante)
- 186-404 m oder 186-368 m (Variante)
- Kleine Steinmännchen und nur vereinzelte rote Punkte markieren den Weg, trotzdem ist er ganz gut zu finden.
- Es gibt keine Einkehrmöglichkeiten am Weg. Wer abends bei San Pantaleo essen möchte, dem empfehlen wir das Agriturismo Murualvata, das etwas außerhalb des Ortes liegt.
- keine Rastplätze
- Die gesamte Tour ist für Kinder ab 8 Jahren gut geeignet. Ihre Kinder werden das Kraxeln über die schönen Felsen und das Geschlängel des schönen Pfads lieben.
- Die Wanderung ist für größere Hunde gut geeignet, nehmen Sie aber Wasser mit.
- P In San Pantaleo geht es in die Via Pompei, dieser folgen Sie kurz und biegen dann nach links in die Via Manzoni ab. An deren Ende können Sie parken.
- Die archäologischen Fundstätten bei Arzachena und die Costa Smeralda lohnen einen Besuch.

Vom **P** Parkplatz am Ende der Via Manzoni folgen Sie dem hier ansetzenden Schotterweg bis zu einem Hirtenhaus. Von hier wandern Sie auf dem schmalen Pfad, der geradeaus an einem einzelnen Baum vorbeizieht (Markierung: kleine rote Punkte). Der Weg führt durch die Macchia und steigt kontinuierlich an. Sie ignorieren einen deutlichen Abzweig nach links (Abzweig der Variante weiter unten) und steigen auf dem schmalen Pfad durch die Macchia

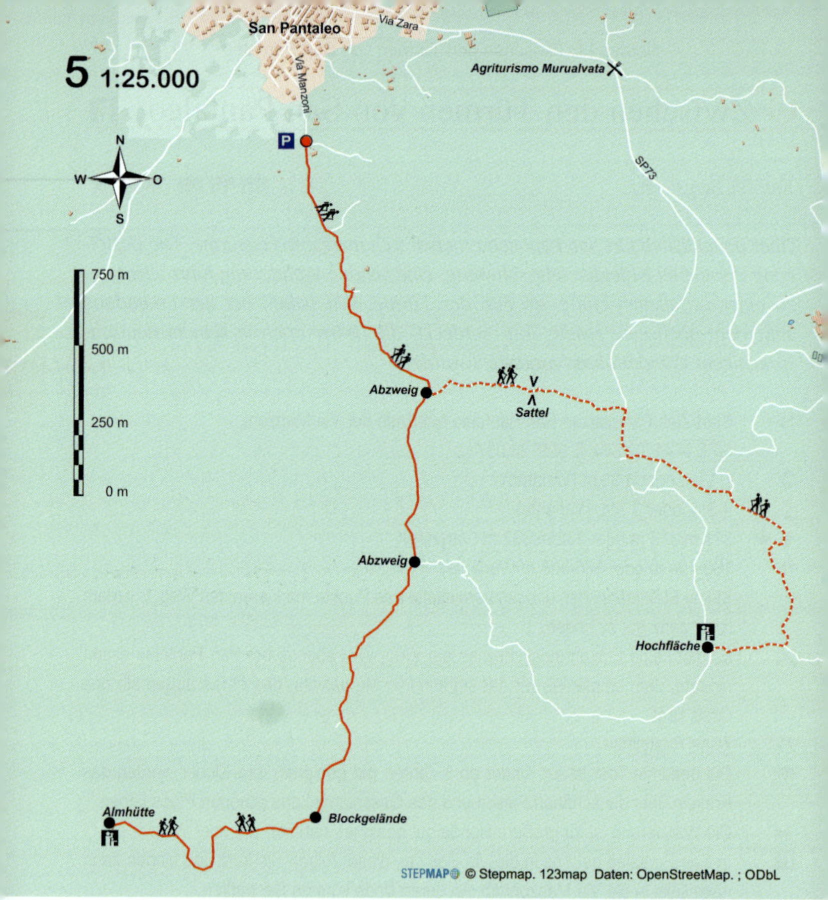

aufwärts. Immer wieder können Sie schöne Blicke auf den Golf von Arzachena genießen. Einen zweiten markierten Abzweig nach links ignorieren Sie ebenfalls. Der Weg bringt Sie zu einer Hochfläche im Wald. Jetzt bleiben Sie immer auf dem Hauptpfad, der deutlicher ausgetreten ist als alle Abzweigungen. An einer Wegverzweigung bei zwei Steinmännern nehmen Sie den linken Weg. Nach der höchsten Stelle fällt der Pfad leicht ab und Sie kommen zu grobem Blockgelände. Sie steigen geradeaus über die Blöcke, dabei lassen Sie sich immer von den Steinmännern leiten.

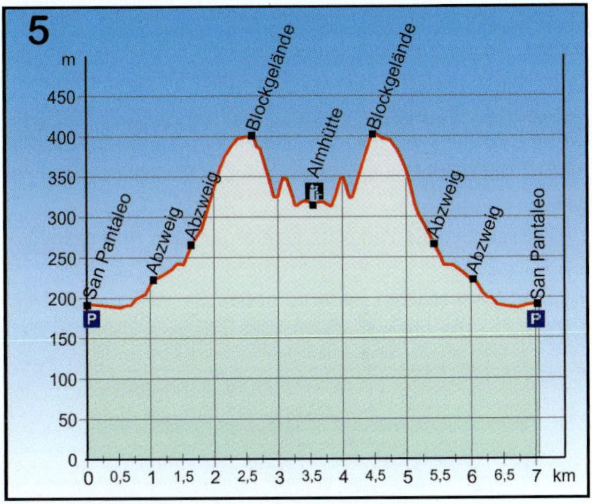

Sie treffen auf eine Mauer, gehen hindurch und steigen links über die zweite, niedrigere Mauer. Der Pfad führt nach rechts zwischen Blöcken hindurch und steigt dann noch einmal an. Bei einer Felsplattenpassage genießen Sie eine schöne Aussicht. Von dieser kleinen Anhöhe fällt der Weg wieder ab. Sie treffen auf eine weitere Mauer, tauchen kurz in den Wald ein und gelangen schließlich zu einer verfallenen Almhütte bei einer schönen Wiese, auf der Sie sich Ihre Pause verdient haben. An der Wiese steht ein Block, an dem Steigspuren vorbeiführen. Durch die Macchia erreichen Sie einen schönen Aussichtspunkt. Der Rückweg zum P Parkplatz erfolgt am Anstiegsweg.

Als Alternative wollen wir noch eine schöne Variante vorstellen:
Sie wandern vom P Parkplatz wie oben beschrieben zu der deutlichen Wegverzweigung. Hier wenden Sie sich nach links über die Wiese und hinein in die Macchia. Sie erreichen einen großen Block, an dem Sie rechts vorbeigehen. Der Steig führt nun über grobe Steine steil bergauf zu einem Sattel zwischen den Felstürmen.

Auf der anderen Seite des Sattels fällt der Steig leicht ab und bringt Sie durch die Macchia zu einem Querweg. Auf diesem biegen Sie nach rechts in den Wald ab und gehen bis zu einer Mauer. Sie wandern links an dieser vorbei zu einem breiteren Weg. Hier biegen Sie nach links ab und gehen später auf einem Schotterweg zu einer Kreuzung. Jetzt mündet ein Weg ein, der von der Autostraße heraufkommt. An der Kreuzung befindet sich ein roter Punkt. Sie folgen nun dem breiten Schotterweg nach rechts bergauf. Je höher Sie kommen, umso grandioser wird der Ausblick auf das Meer. An einer Wegverzweigung wandern Sie nach rechts, wenig später wird der Weg schmaler und endet auf einer schönen freien Hochfläche bei einer Steinmauer. Von hier oben genießen Sie immer noch grandiose Blicke auf das Meer.

Zurück zum P Parkplatz geht es auf dem Anstiegsweg.

Bei der vorgestellten Variante haben Sie einen schönen Blick zum Meer

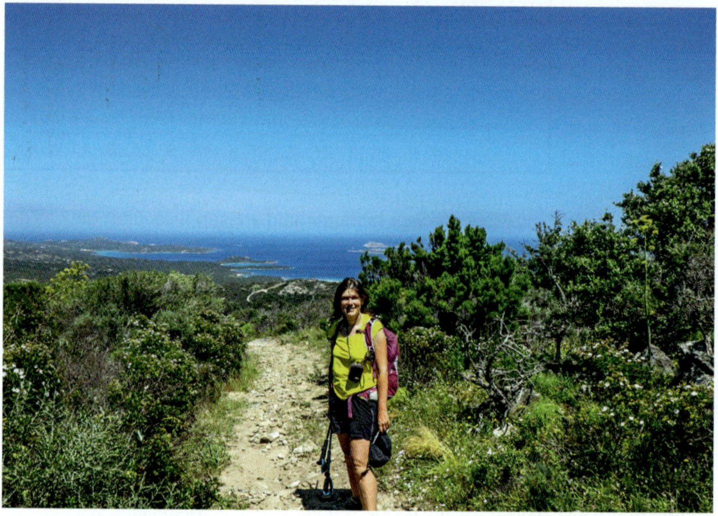

Auf der Hochfläche beginnen rote Markierungen. Der Weg war bei unserer Erkundung zwar neu markiert, aber sehr stark zugewachsen, sodass wir ihn aktuell nicht empfehlen können.

Agriturismo Murualvata, Via Mura Alvata, 07026 San Pantaleo, 00 39/347/683 83 32, täglich 10:00-23:00, murualvata@yahoo.it, www.agriturismomurualvata.it. Es gibt am Abend nur ein Menü, wenn man reserviert, wird extra gegrillt.

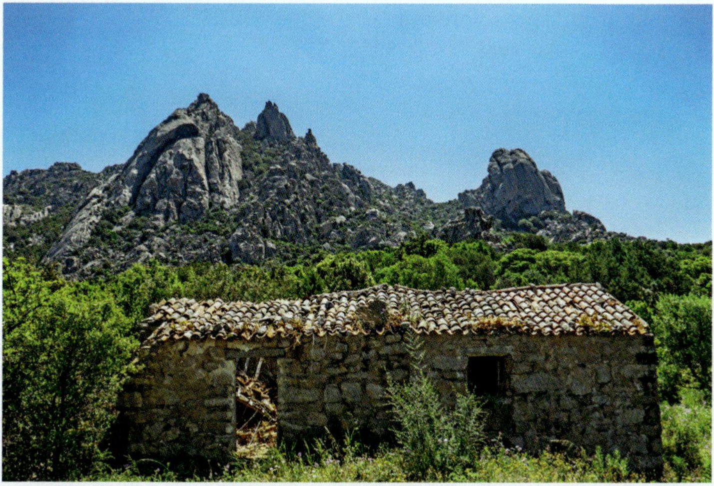

Die verfallene Hütte unter den Türmen von San Pantaleo

Umgebung von Arzachena und Costa Smeralda

San Pantaleo befindet sich in der Nähe von Arzachena. In der Umgebung des Ortes gibt es viele archäologische Fundstätten, die besichtigt werden können. Hier möchten wir vor allem die Gigantengräber Lu Coddhu'Ecchju und Li Lolghi, die Nekropole Li Muri sowie die Nuraghen La Prisgiona und Albucciu nennen.

Unweit von Arzachena liegt die Costa Smeralda mit den wohl bekanntesten Stränden Sardiniens. Die Beliebtheit bei Badetouristen ist für uns Wanderer, die gerne ruhigere Ecken aufsuchen, eher abschreckend. Trotzdem lohnt sich ein Abstecher zu den Sandstränden und dem wunderbar klaren Wasser.

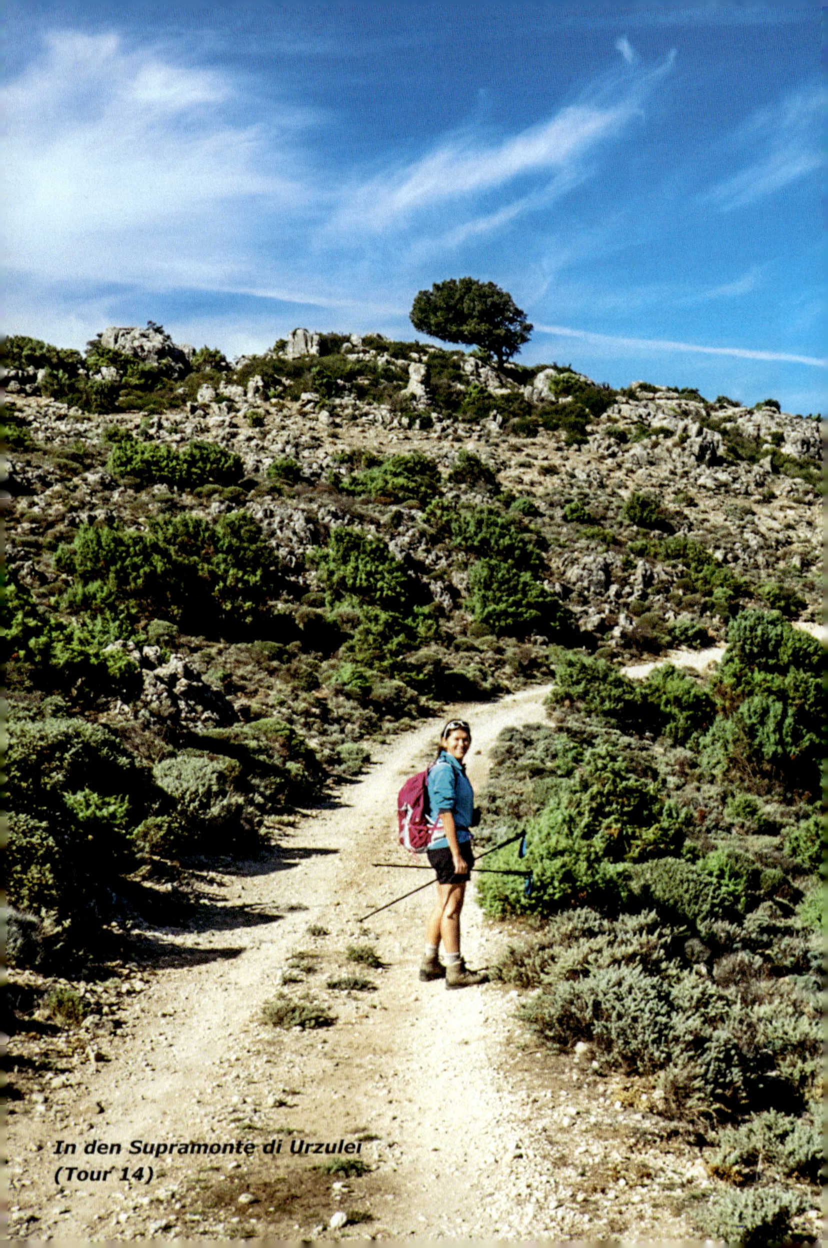

In den Supramonte di Urzulei
(Tour 14)

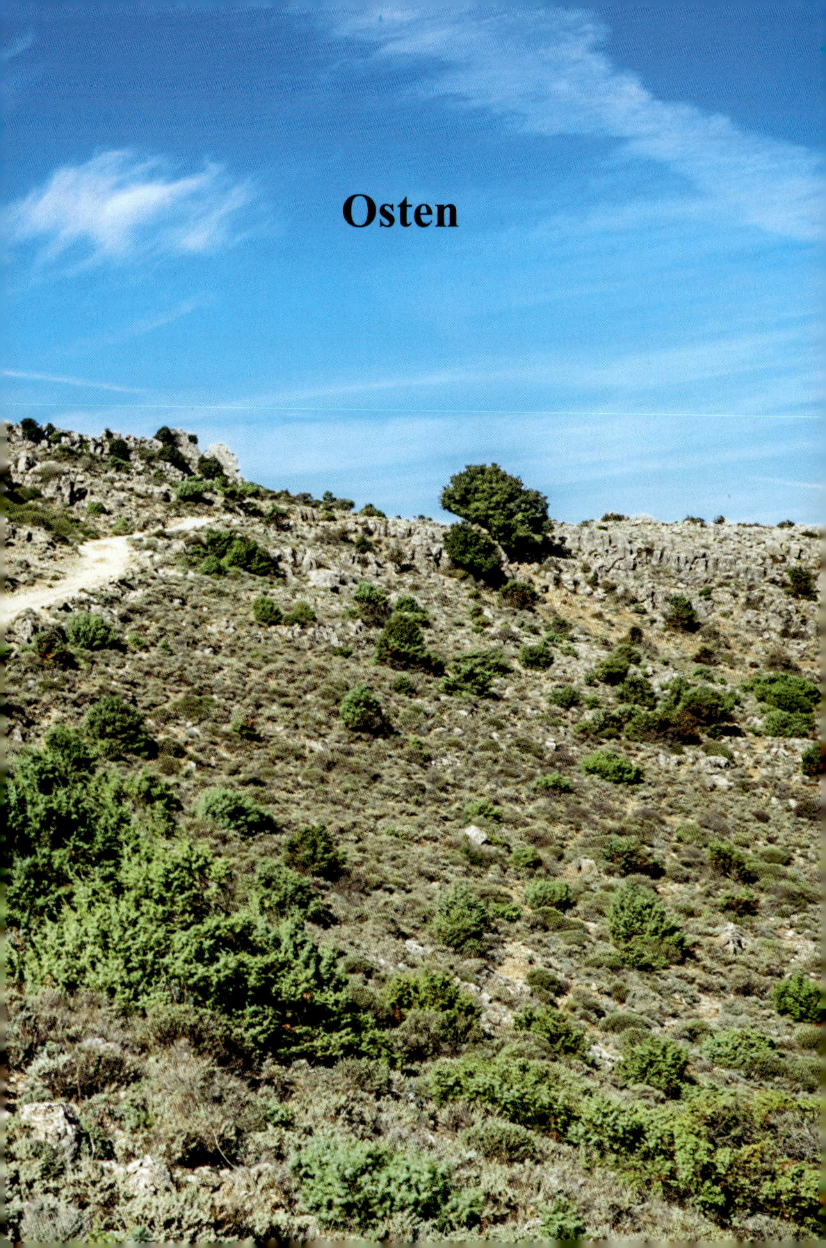
Osten

❻ Über den nördlichen Monte Albo

Tour für Gipfelstürmer

Der Monte Albo ist ein eindrucksvolles Bergmassiv zwischen Lula und Siniscola. Im nördlichen Bereich bieten sich mit der Punta Gurturgius und der Punta Su Mutucrone zwei wunderschöne Gipfel an, die auf meist markierten Steigen erreicht werden können. Die Gipfel bieten eine wunderbare Aussicht auf die Umgebung bis zur Ostküste.

- Start/Ziel: Parkplatz an der Passstraße zwischen Lula und Siniscola, GPS N 40°32.9445' E 009°36.807'
- 6,8 km
- 3 Std. 45 Min.
- 417 m/417 m
- 813-1.050 m
- rot-weiße Markierungen, teilweise etwas schwer zu finden, kurz weglos, Steinmännchen
- keine Einkehrmöglichkeiten unterwegs
- Rastplätze am Aufstiegsweg (km 1) sowie beim Abstieg (km 5,1)
- Die Tour ist nur für Kinder ab 14 Jahren mit Bergerfahrung zu empfehlen. Der Anstieg zur Hochfläche und zum Rastplatz ist leicht. Die kleinen Gipfelstürmer können auf der Hochfläche Pfadfinder spielen und über einzelne Felsblöcke an der Punta Su Mutucrone turnen.
- Die Tour ist nur für größere Hunde zu empfehlen. Nehmen Sie Wasser mit.
- P Von Lula fahren Sie auf der SP3 in Richtung Siniscola. Nach dem KM-30-Schild können Sie an einer Parkbucht auf der linken Seite parken.

Kurz vor der P Parkbucht zweigt auf der rechten Seite ein Wanderweg ab. Sie gehen auf der Straße zurück bis zum Wegweiser und wandern auf dem breiten Weg bergauf. Auf einer freien Fläche wird der Weg zum Steig. Sie lassen sich von den rot-weißen Markierungen in Serpentinen aufwärts leiten und kommen an einen Wegweiser an einem einzelnen Wacholderstrauch. Von hier gehen Sie auf dem Steig weiter bis zum Rand der Hochfläche. Jetzt folgen Sie dem weiterhin markierten, aber teilweise etwas undeutlichen Steig über die Hochfläche bis zu einem Wegweiser mit der Aufschrift S'Ena'e Talisi. Wenige Meter daneben befin-

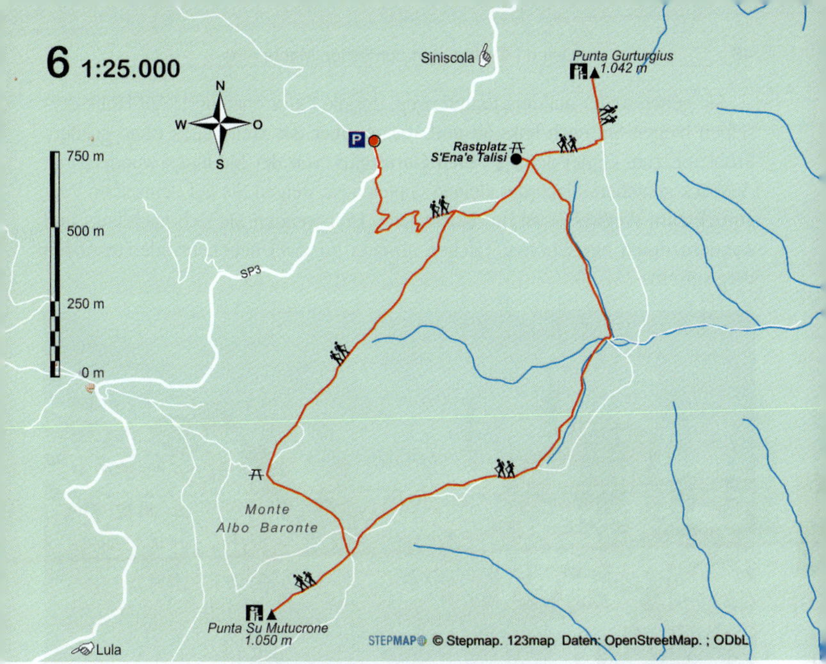

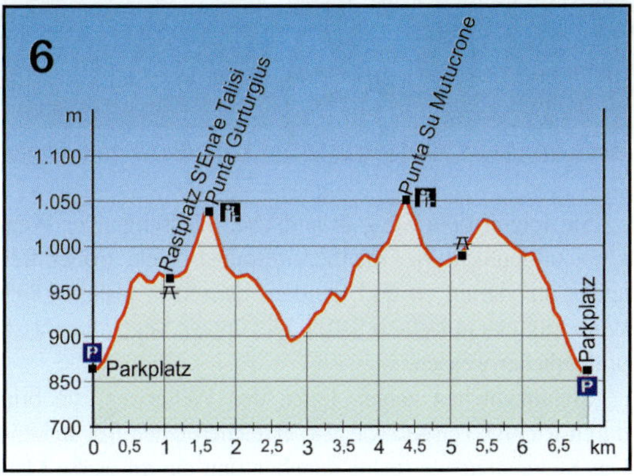

det sich eine Bank als 𐀀 Picknickplatz. Vor Ihnen erhebt sich die Punta Gurturgius. Der Anstieg verläuft über eine verdeckte Rinne auf der rechten Seite.

Sie gehen weiter auf dem Wanderweg, der die Rinne ansteuert. Auf Höhe derselben biegen Sie nach links ab und steigen über das steile Gras ohne größere Probleme zum Gipfel der Punta Gurturgius, von der Sie einen wunderbaren Ausblick genießen. Nach der kleinen Gipfelpause steigen Sie auf demselben Weg zurück zum Wegweiser an der Hochfläche. Hier wenden Sie sich nach links und wandern durch ein schönes Tälchen abwärts zu zwei nebeneinanderstehenden Wegweisern.

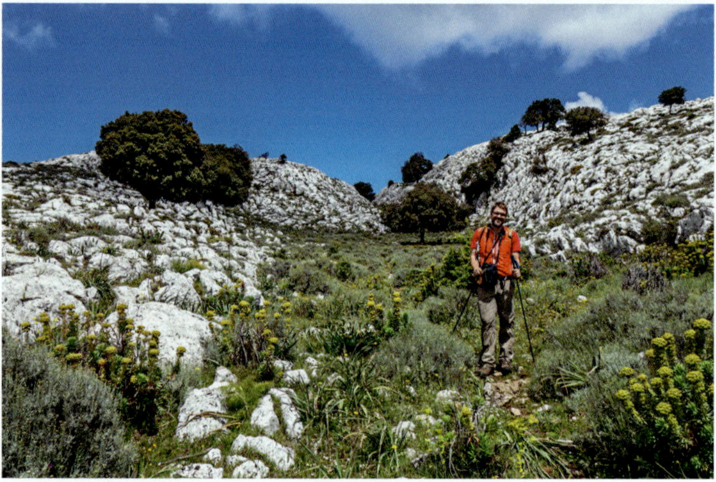

Auch im Monte Albo besticht der Weg durch eine üppige Flora

Sie folgen dem Steig in südlicher Richtung. Der Weg ist zu Beginn leider etwas undeutlich. Ihr Orientierungspunkt ist ein großer, frei stehender Baum. Sie laufen auf diesen zu und wandern danach in gleicher Richtung weiter zu einer Wiese auf einem kleinen Sattel. Die üppige Vegetation lässt den Steig hier immer undeutlicher werden.

Steinmännchen zeigen Ihnen den Weiterweg, sie bringen Sie nach rechts durch leichtes Felsgelände. Sie erreichen einen frei stehenden, knorrigen Baum. Das Steinmännchen rechts daneben und die rot-weiße Markierung zeigen Ihnen, dass Sie richtig sind. Weiter wandern Sie mit den Steinmännchen, bis Sie in den Sattel vor der Punta Su Mutucrone gelangen. Hier treffen Sie auf einen Wegweiser, der Sie auf ein Steiglein in Richtung Gipfel schickt. Dieses weicht bei ein paar

Felsen nach rechts aus, führt dann aber zurück auf den Kamm und erklimmt über leichte Felsen den Gipfel Punta Su Mutucrone. Hier oben haben Sie sich eine Gipfelbrotzeit verdient und können eine wirklich großartige Aussicht genießen.

Gipfelrast auf der Punta Sa Mutucrone

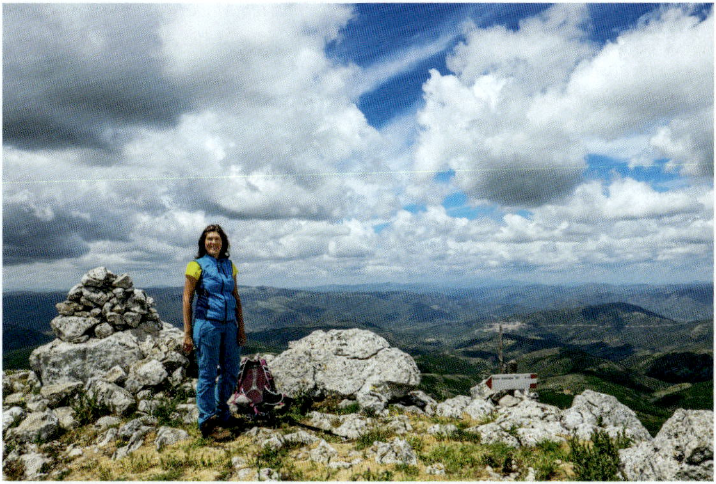

Für den Abstieg folgen Sie dem Anstiegsweg zurück zum Wegweiser. Hier wenden Sie sich in nordwestliche Richtung. Der Pfad bringt Sie direkt an einer Wildschweinsuhle vorbei. Wenig später sehen Sie einen Picknickplatz mit einer Bank vor sich, auf den der Weg direkt zuläuft. An der Bank biegen Sie nach rechts ab und wandern entlang der Steinmännchen zu zwei Steinmännern, die einen rot-weißen Weg markieren. Dieser zieht sich direkt hinunter zur Passstraße.

Da Sie aber zu Ihrem Parkplatz zurück wollen, wandern Sie auf den Steigspuren geradeaus weiter. Diese bringen Sie auf einen felsdurchsetzten Kamm. Dort leiten Sie die Steinmännchen geradeaus weiter, bis Sie die Punta Gurturgius sehen. Nun gehen Sie weglos in Richtung des Gipfels weiter. Vor der Hochfläche steuern Sie einen kleinen Felseinschnitt im Kamm an. Von diesem steigen Sie nach schräg links zu einem deutlich sichtbaren Steinmann ab. Nun wandern Sie auf dem vom Aufstieg bekannten rot-weiß markierten Weg hinunter zur Straße und weiter zur nahen Parkbucht.

7 Über die Punta Catirina

Tour für Aufsteiger und Weitblicker

Die Punta Catirina ist gemeinsam mit dem benachbarten Monte Turuddò die höchste Erhebung des Monte Albo. Dementsprechend großartig ist die Aussicht vom Gipfel. Nach einem steilen Auftakt führt der Weg zur wunderschönen Hochfläche Su Campu 'e Susu und weiter zum Gipfel. Der Abstieg ist etwas anspruchsvoller, aber trotzdem jedem trittsicheren Wanderer zu empfehlen.

- Start/Ziel: Parkplatz an der Passstraße zwischen Lula und Lodè, GPS N 40°29.672' E 009°32.124'
- 9,2 km
- 4 Std. 15 Min.
- 585 m/585 m
- 567-1.127 m
- rot-weiße Markierungen, teilweise schmale Wege, Steinmännchen, gut zu finden
- keine Einkehrmöglichkeiten unterwegs
- keine Rastplätze unterwegs
- Die Tour ist teilweise recht steil, daher nur für Kinder ab 14 Jahren mit Bergerfahrung zu empfehlen. Am Gipfel der Punta Catirina turnen junge Abenteurer nur zu gerne herum.
- Diese Wanderung sollten Sie nur mit größeren Hunde unternehmen. Nehmen Sie Wasser mit.
- P Von Lula fahren Sie auf der SP3 in Richtung Lodè. Hinter der km-Marke 20 biegt nach links ein Schotterweg ab, der zu einem Picknickplatz führt. Hier können Sie in einer Parkbucht Ihr Auto abstellen.

Gleich gegenüber vom P Parkplatz stehen unlesbare Holzschilder. Hier beginnt der Wanderweg zur Punta Catirina. Sie steigen auf dem schmalen Weg im Wald bergauf. Dabei gewinnen Sie schnell an Höhe. Nach einem kurzen Zwischenabstieg bringt Sie der Steig ansteigend zu einer Wegverzweigung. Hier folgen Sie dem rechten Weg, der sich weiter in zahlreichen Kehren bergauf schlängelt. Der Wald lichtet sich und das Gelände wird immer freier, aber auch felsdurchsetzter. Ohne besondere Schwierigkeiten steigen Sie hinauf, bis das Gelände flacher wird. An einer Wegverzweigung wandern Sie nach rechts und gelangen zur Hochebene Su Campu 'e Susu.

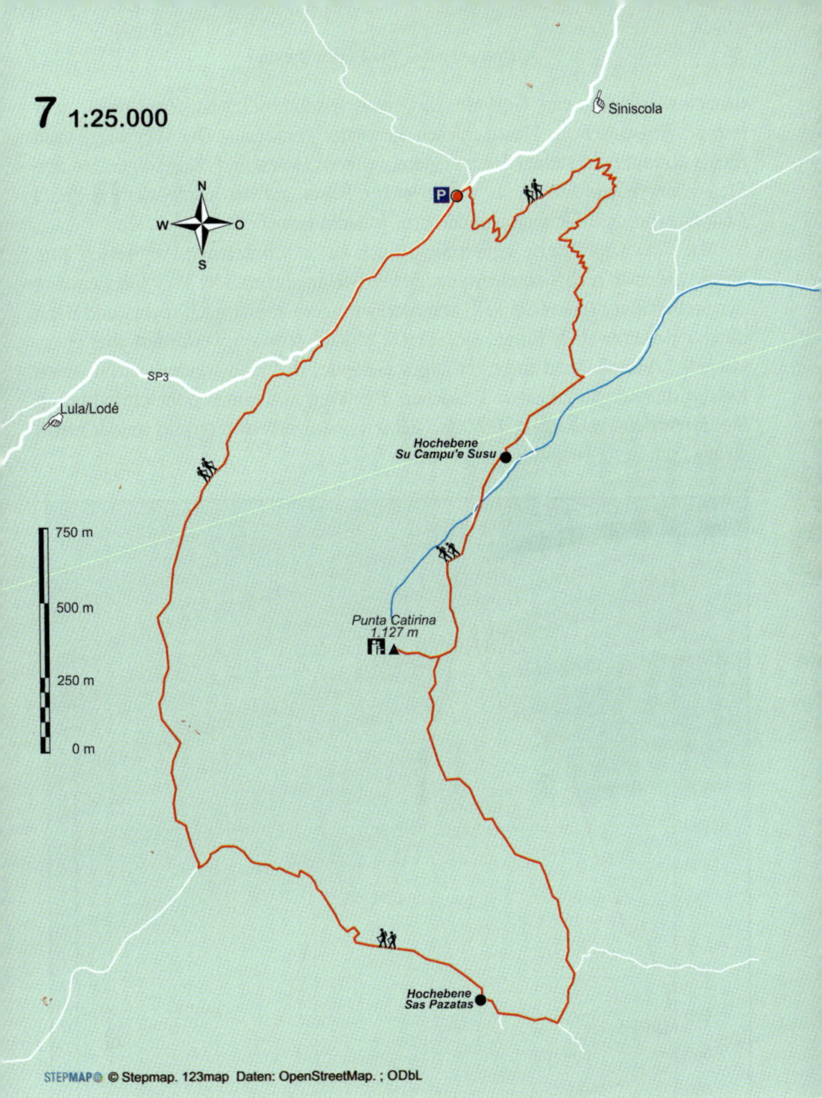

Hier ist der Weg teilweise etwas undeutlich. Achten Sie genau auf die Steinmänner, die den Pfad markieren. Sie kommen an einen Steineichenwald und bald danach wieder in freies Gelände, das etwas felsdurchsetzt ist. Zwei nicht mehr lesbare Wegweiser aus Holz schicken Sie weiter geradeaus. Der Weg biegt nach rechts ab und bald stehen Sie an einem weiteren Holzschild. Nun folgen Sie den Steinmännern und Steigspuren über leichte Felsen auf den Gipfel der Punta Catirina, von dem Sie eine wunderbare Aussicht genießen.

Nach der Gipfelpause gehen Sie zurück zu dem hölzernen Wegweiser. Nun biegen Sie nach rechts zu einem deutlichen Steinmann ab. Der Weg führt entlang der Steinmänner (teilweise auch alte Markierungen) zuerst nach rechts und dann durch eine kurze steile Rinne. Sie ist nicht wirklich schwierig, erfordert aber etwas Vorsicht. Anschließend folgt gerölliges Gelände, der Pfad windet sich in vielen Kehren steil bergab zu einem Wäldchen. Der Weg wird nun bequemer und bringt Sie durch den Wald zügig abwärts. Teilweise wird der Untergrund wieder etwas steinig, schwierig ist es aber nirgendwo.

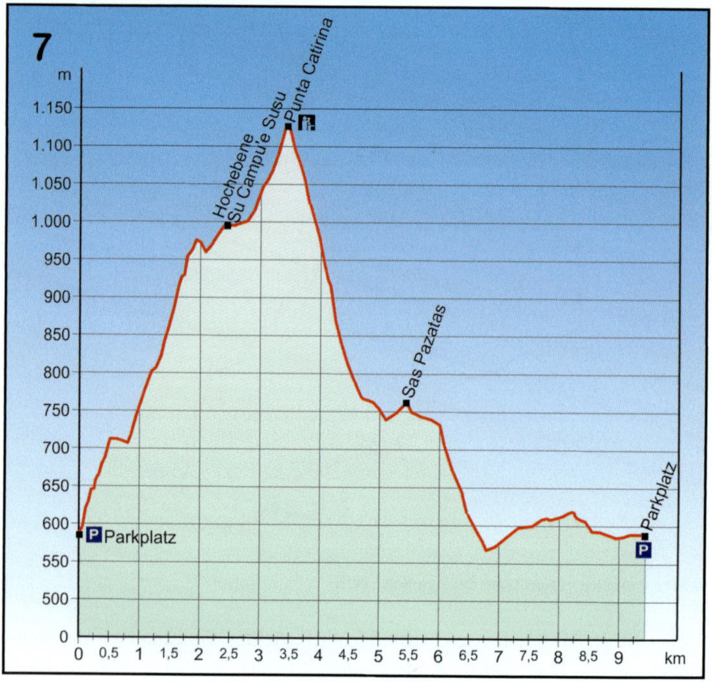

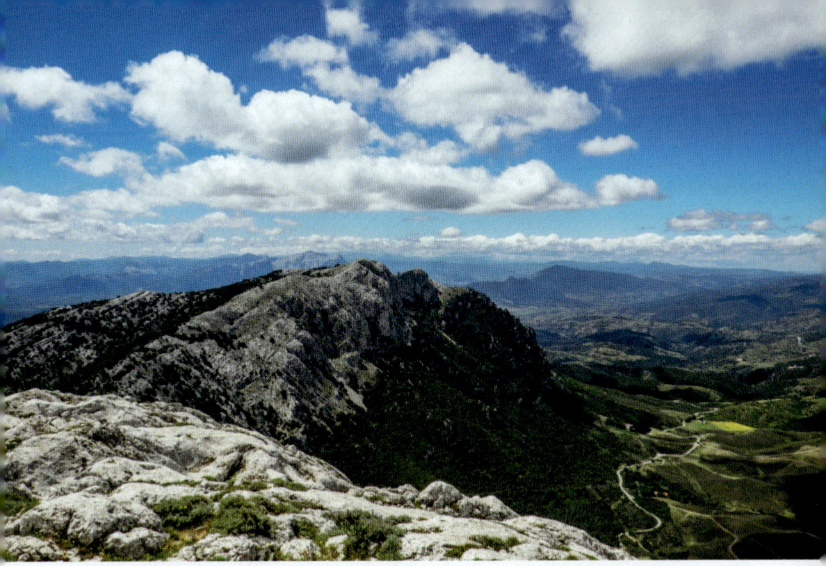

Vom Gipfel bietet sich eine wunderbare Aussicht. Direkt nebenan steht der Monte Turrudò.

Sie erreichen in der Senke einen Querweg und wandern auf ihm nach rechts. Die beiden Abzweigungen nach links ignorieren Sie. Der Weg knickt stattdessen nach rechts ab und führt über die schöne Hochfläche Sas Pazatas. Sie kommen südwestlich der Punta Catirina an einen senkrechten Felsabbruch und gehen hier durch einen felsigen Einschnitt nach rechts. Jetzt beginnt ein Steig, der Sie steil und in einigen Serpentinen hinunter zu einer Wiese bringt. Sie spazieren auf dem Steig weiter und gelangen an eine Teerstraße. Auf dieser gehen Sie unter der Nordflanke der Punta Catirina nach rechts, bis Sie die Passstraße zwischen Lula und Lodè erreichen. Auf dieser wandern Sie zurück zum **P** Parkplatz.

8 Durch die Oasi Biderrosa

Tour für Felsliebhaber

Die Oasi Biderrosa ist ein traumhafter Naturpark am Golfo di Orosei. Durch den Park führen viele gute Wanderwege. Dabei erreichen Sie traumhafte Aussichtspunkte, wandern an wunderbar geformten Felsen vorbei und haben sogar die Möglichkeit, einen Abstecher zum Strand zu unternehmen.

- Start/Ziel: Parkplatz am Eingang des Biderrosa-Naturparks, GPS N 40°27.267' E 009°46.347'
- 9,6 km
- 3 Std. 15 Min.
- 262 m/262 m
- 5-121 m
- Gute Wege, die häufig markiert sind. An den wenigen nicht beschilderten Abzweigungen ist der Weiterweg einfach zu finden.
- keine Einkehrmöglichkeiten unterwegs
- Rastplätze am Gipfel des Monte Urcatu (km 3) sowie am Übergang nördlich des Monte Biderrosa (km 6,5)
- Bei km 3,9 führt ein Weg hinunter zum nahen Badestrand.
- Die Tour ist eher einfacher, daher für Kinder ab 10 Jahren gut geeignet. Unbedingt lohnt es sich, einen oder am besten gleich mehrere Strände zu besuchen, Sandburgen zu bauen und Muscheln zu sammeln.
- Die Tour ist für Hunde gut geeignet.
- P Von Orosei geht es auf der SS125 in nördlicher Richtung durch Sos Alinos und weiter zum Eingang des Naturparks.
- Der Park kostet € 1 Eintritt und ist von 7:30 bis 20:00 geöffnet.
  www.oasibiderosa.it

Nach Bezahlung des Tickets am Eingang in den Naturpark wandern Sie auf dem nach links abzweigenden Fahrweg los. Sie bleiben immer auf dem Fahrweg und folgen dem Hauptweg bis zu einer Brücke. Nach der Brücke sehen Sie links das erste Schild, das Sie ignorieren. Wenige Meter später biegen Sie am zweiten Schild in Richtung Monte Urcatu nach links ab.

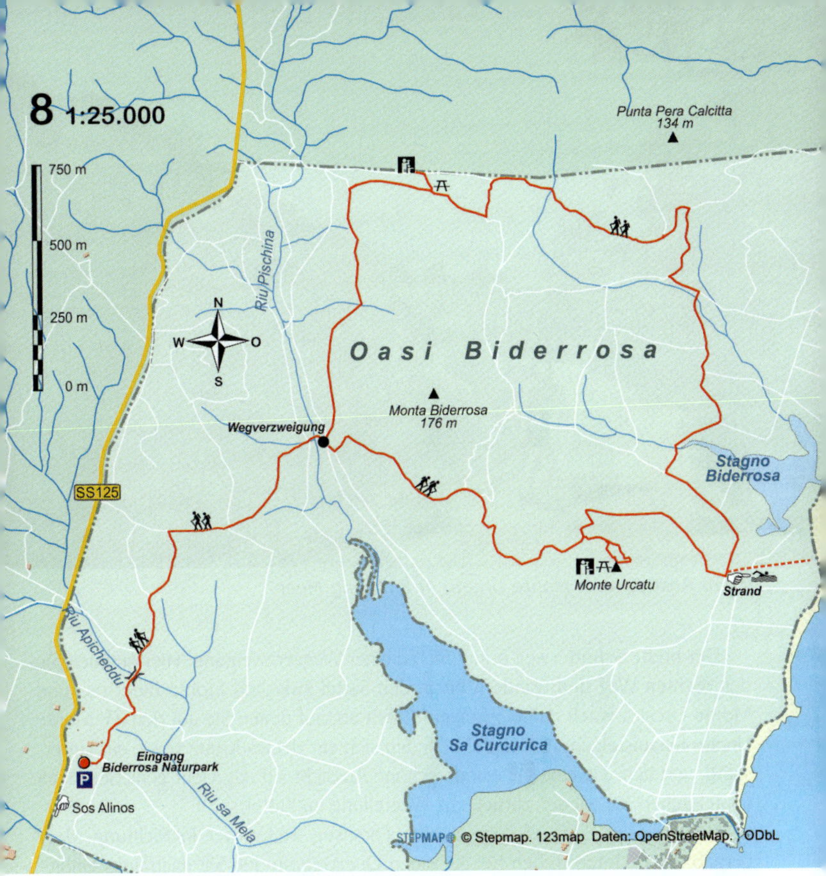
8 1:25.000
750 m
500 m
250 m
0 m
N
W
O
S
Punta Pera Calcitta
134 m
Riu Pischina
Oasi Biderrosa
Monta Biderrosa
176 m
Wegverzweigung
Stagno
Biderrosa
SS125
Monte Urcatu
Strand
Riu Apicheddu
Stagno
Sa Curcurica
Eingang
Biderrosa Naturpark
Riu sa Mela
Sos Alinos
STEPMAP © Stepmap. 123map Daten: OpenStreetMap. ODbL

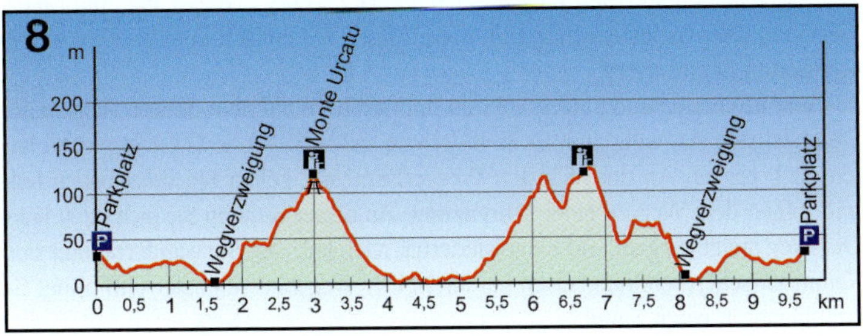
8
m
200
150
100
50
0
Parkplatz
Wegverzweigung
Monte Urcatu
Wegverzweigung
Parkplatz
0 0,5 1 1,5 2 2,5 3 3,5 4 4,5 5 5,5 6 6,5 7 7,5 8 8,5 9 9,5 km

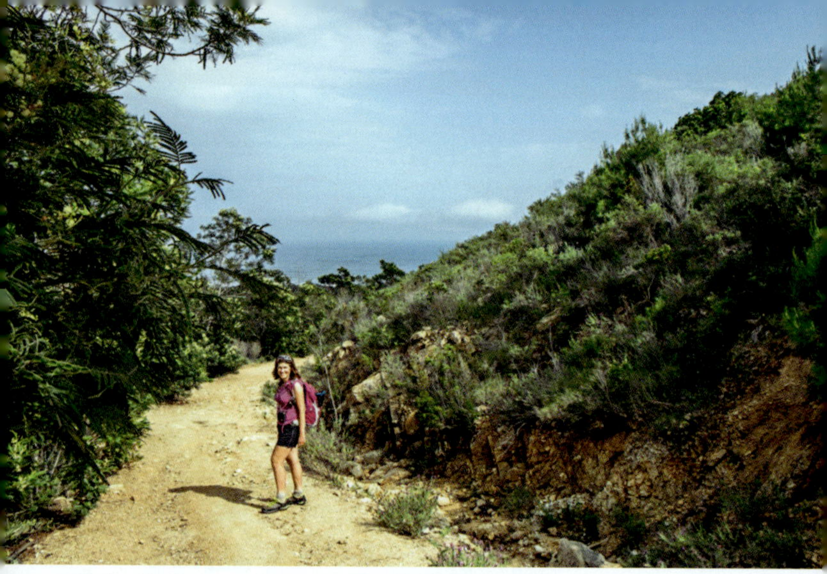

Beim Abstieg vom Monte Urcatu in Richtung Meer

Der breite Schotterweg bringt Sie zu einer Wegverzweigung. Hier nehmen Sie den rechten Weg und wandern bis in den Sattel zwischen Monte Biderrosa und Monte Urcatu. Nach rechts zweigen Stufen ab, auf denen Sie auf den ⩚ Monte Urcatu hinaufsteigen. Am Gipfel befinden sich ein kleines Kreuz sowie ein Unterstand, von dem Sie eine wunderschöne Aussicht auf das Meer genießen. Vom Gipfel gehen Sie wieder zurück zur Wegteilung im Sattel.

Nun wandern Sie auf dem rechten Forstweg weiter, der in Richtung Meer bergab führt. Unten treffen Sie auf einen Querweg, in den Sie nach links einbiegen. Sie kommen an einen Wegweiser (Parkplatz 3-4-5 und Zugang zum Meer). Für einen Badeabstecher zum Meer folgen Sie einfach dem breiten, ausgeschilderten Schotterweg.

Ansonsten biegen Sie nach links ab und wandern auf dem breiten Weg weiter. Den nächsten Abzweig zum Ovile Biderrosa lassen Sie unberücksichtigt und laufen nach rechts. An der nächsten Wegverzweigung gehen Sie scharf nach links und folgen dem Weg zu einer T-Kreuzung. An dieser wenden Sie sich nach links. Der Weg steigt bergauf und biegt wiederum nach links ab. Sie wandern unter dem Kamm zwischen schönen Felsen hindurch. Der Weg wird schmaler und bringt Sie steil hinauf in einen Sattel.

Auf der anderen Seite des Sattels wandern Sie entlang eines Zaunes in eine Senke. Hier ist der Weg undeutlich. Auf manchen Karten ist ein Weg geradeaus eingezeichnet, den es aber nicht gibt. Sie wandern stattdessen auf dem deutlicheren Weg nach links bergab bis zu einem deutlichen Abzweig nach rechts. Dieser schön angelegte Steig führt mithilfe von Stufen in einen Sattel mit Picknickplatz. Nach rechts können Sie ein paar Meter zu einem großartigen Aussichtspunkt hinüberwandern.

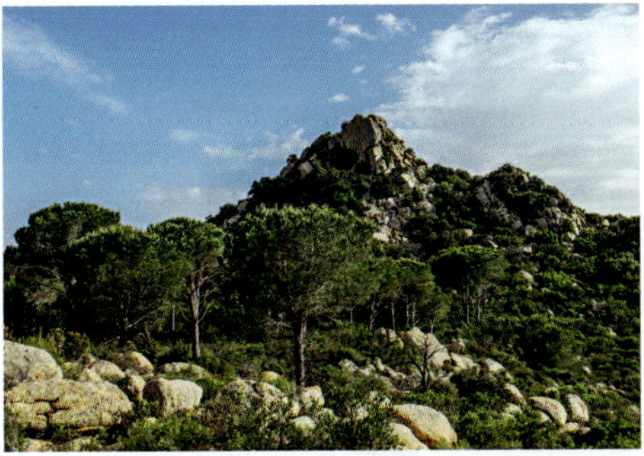

Blick hinauf zu den Gipfeln des Parks

Anschließend folgen Sie dem Steig auf der anderen Seite des Sattels bergab bis zu einem Querweg. Auf diesem spazieren Sie ohne besonderen Höhenverlust nach links, bis der Weg letztendlich zu einer Wegteilung bei der Brücke abfällt. Zum Abschluss dieser schönen Wanderung gehen Sie auf dem bereits bekannten Fahrweg zurück zum P Parkplatz am Eingang des Naturparks.

Orosei

In der Nähe des Naturparks liegt Orosei. Der Ort wurde bereits 3000-4000 v. Chr. besiedelt. Heute finden sich hier noch zahlreiche noble Bürgerhäuser und schöne Kirchen. Orosei liegt in einer märchenhaften grünen Ebene und bietet einen wunderbaren Sandstrand. Dementsprechend beliebt ist der Ort inzwischen bei Urlaubern.

Wer hier einkehren möchte, dem empfehlen wir zwei traditionelle sardische Restaurants:

✕ Su Barchile, Via Mannu 5, 08028 Orosei, ☏ 00 39/07 84/988 79, www.subarchile.it

♦ Belohorizonte, Via Giuseppe Dessi 27, 08028 Orosei, ☏ 00 39/07 84/99 11 22

9 Zur Cala Cartoe

Tour für Kraxler

Die Cala Cartoe ist ein wunderschöner Strand nördlich von Cala Gonone. Es lohnt sich, diese aussichtsreiche Wanderung dorthin zu unternehmen. Aber Vorsicht, der Weg führt ganz schön hoch hinauf, zudem gibt es ein paar steile Stellen, die mit Eisenklammern gesichert sind.

- Start/Ziel: Parkplatz am östlichen Ortsrand von Cala Gonone, GPS N 40°17.435' E 009°38.448'
- 11,1 km
- 5 Std.
- 476 m/476 m
- 1-241 m
- gute Markierungen (blau) sowie Steinmännchen, einfach zu finden
- keine Einkehrmöglichkeiten unterwegs
- keine Rastplätze unterwegs
- Cala Gonone ist ein beliebter Badeort. Sehr schön zum Baden ist auch die Cala Cartoe am Umkehrpunkt (km 5,5).
- Die Tour ist an ein paar Stellen ziemlich steil und mit Eisenklammern gesichert, daher erst für Kinder ab 14 Jahren geeignet, die etwas Bergerfahrung besitzen. Trittsicherheit ist erforderlich. Der Strand am Ausgangspunkt ist eher noch ein Geheimtipp, Ihre Kinder können dort stundenlang spielen und im seichten Wasser toben. Die Pflanzenreste im Wasser zeigen die gute Wasserqualität.
- Die steilen Stellen sind für Hunde eher schlecht geeignet.
- P In Cala Gonone fahren Sie in die Via Codula e' Gostui, hier können Sie an einer Linkskurve parken. Die Straße führt weiter zu einem Pass und hinüber zur Cala Cartoe.
- An der Straße zwischen Orosei und Cala Gonone befindet sich die Grotta di Ispinigoli, die Sie nach der Wanderung unbedingt besichtigen sollten.

Vom **P** Parkplatz an der Straße folgen Sie der Schotterstraße, die hoch über dem Meer entlangführt. Zu Beginn genießen Sie immer wieder schöne Blicke auf Cala Gonone, später auf den Golfo di Orosei.

Cala Gonone

Der malerische Ort, ein ehemaliges Fischerdorf, hat sich in den letzten Jahren zu einem der bedeutendsten touristischen Ferienorte an der Ostküste entwickelt. Er lebt von seiner wunderbaren Lage am Meer, abgeschlossen durch senkrechte Felswände oberhalb der Bucht. Strandurlauber, Wanderer, Kletterer, Bootstouristen, sie alle finden hier eine wunderbare Ferienbeschäftigung.

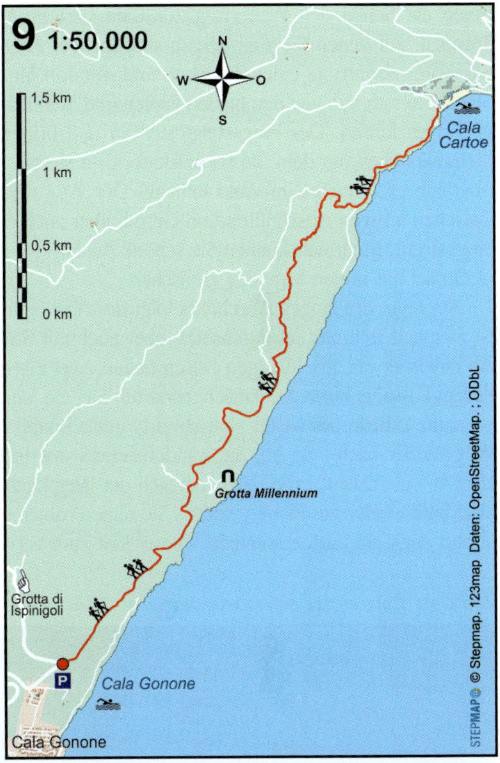

Auf der Straße wandern Sie ziemlich eben dahin, gehen ein paar Gräben aus und erreichen eine Wendeplattform. Hier zeigt

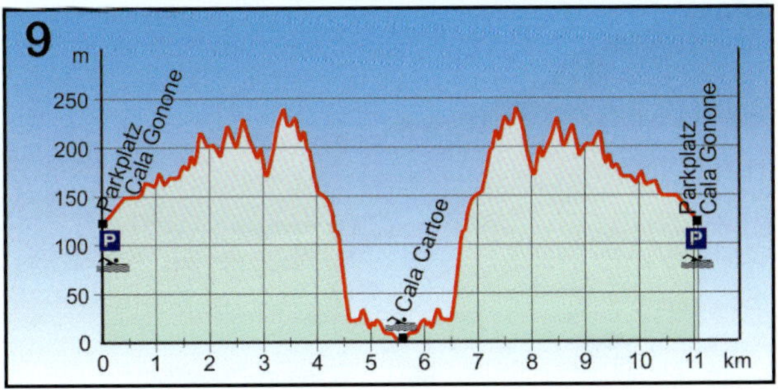

Ihnen ein Schild den Weiterweg zur Cala Cartoe. An der Plattform beginnen Treppen, auf denen Sie steil bergab steigen. Der Weg nach den Treppen bringt Sie weiter abwärts zu einem Bachbett und von dort hinauf zu einem freien Felsen. Sie lassen sich nun von den blauen Pfeilen und Steinmännern leiten, die über einige Felsen führen. Der Weg steigt steil an und bringt Sie zu einem Felsen mit Steinmännchen, an dem Sie vorbeiklettern. In stetem Auf und Ab spazieren Sie oberhalb des Meeres im Wald entlang. Der Weg wechselt dabei immer wieder zwischen felsigen Abschnitten und Geröll, aber auch einfache Wegpassagen sind eingestreut. Mehrmals können Sie schöne Ausblicke auf das Meer und den Golfo di Orosei mit seinen Stränden erhaschen.

Am Ende des langen Abschnitts folgt der Abstieg in Richtung Meer. Der Weg ist ziemlich steil und felsdurchsetzt, aber auch mit Stufen gut gangbar gemacht. An einem etwas abschüssigen Felsen helfen zwei Eisenklammern über die etwas heikle Passage hinweg. Danach erwartet Sie ein kurzes Flachstück zum Verschnaufen, bevor es weiter steil abwärts geht. Knapp über dem Meer dreht der Weg wieder nach links ab. Sie wandern etwas oberhalb des blauen Wassers bis kurz vor die Cala Cartoe. Hier teilt sich der Weg kurz, beide Varianten kommen aber bald wieder zusammen, sodass Sie ohne Probleme zum schönen Sandstrand der Cala Cartoe kommen. Dieser lädt zum Verweilen und Baden ein.

Die Cala Cartoe hat einen wunderbaren Sandstrand

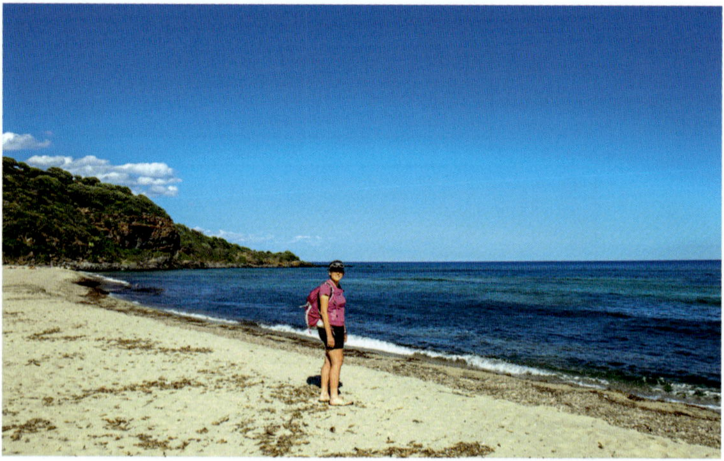

Der Rückweg nach Cala Gonone erfolgt auf dem Hinweg.

Der Ort Cala Gonone in der gleichnamigen Bucht

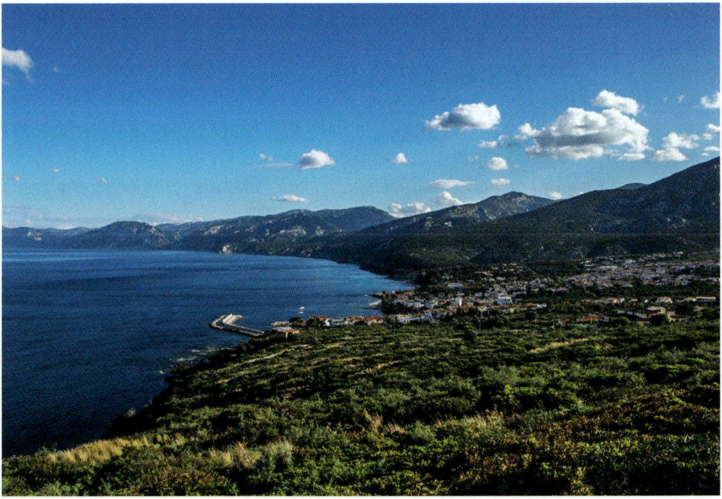

Grotta di Ispinigoli

Die Grotta di Ispinigoli liegt 8 km westlich der Cala Cartoe, an der Straße zwischen Orosei und Cala Gonone. Es empfiehlt sich, sie nach der Wanderung noch zu besichtigen. Von der Höhle ist der erste Höhlenraum erschlossen. Sie erreichen ihn über 280 Stufen. In der Mitte der Höhle steht ein 38 m hoher Stalagmit, der „Spina in Gola" (Dorn im Rachen) genannt wird, weil die Höhle wie ein riesiges Drachenmaul mit einem Dorn in der Mitte aussieht. Der Stalagmit zählt zu den größten Tropfsteinen der Welt.

♦ geöffnet in der Saison von 9:00 bis 19:00, im Frühjahr und Herbst nur bis 17:00, Führungen zur vollen Stunde, Eintritt € 7,50

⑩ Von der Cala Sisine zur Cala di Luna

Tour für Meeresblicker

Während die Cala di Luna ein beliebtes Wanderziel von Cala Gonone aus ist, so ist die Tour von der Cala Sisine zur Cala di Luna deutlich ruhiger. Das liegt unter anderem daran, dass man erst einmal mit dem Schiff zum Ausgangspunkt gebracht werden muss. Zudem ist zwingend stabiles Wetter erforderlich, damit man von der Cala di Luna noch zurückfahren kann. Sind die Rahmenbedingungen gegeben, handelt es sich um eine traumhafte Tour.

→ Start: Cala Sisine, GPS N 40°10.771' E 009°38.038'; Ziel: Cala di Luna, GPS N 40°13.466' E 009°37.665'

9,7 km

4 Std. 30 Min.

↑ ↓ 629 m/629 m

⇧ 0-625 m

keine Markierungen, aber deutliche Steige

Ristorante Su Neulagi in der Cala di Luna

keine Rastplätze

Sowohl die Cala Sisine am Beginn als auch die Cala di Luna am Ende der Wanderung eignen sich sehr gut zum Baden.

Die Wanderung ist anstrengend, daher nur für größere Kinder ab 12 Jahren geeignet. Trotzdem sind beide Strände einen Familienausflug wert. Gerade im seichteren Wasser der Cala di Luna buddeln auch die Kleineren gerne.

Der Weg ist für Hunde eigentlich gut geeignet. Allerdings ist die An- und Rückfahrt mit den Schiffen eher problematisch. Daher empfehlen wir andere Touren.

P Parken können Sie in Cala Gonone am Hafen.

Von Cala Gonone geht es mit dem Schiff in die Cala Sisine. Ein zuverlässiger Anbieter ist Cielomar. Der Informationsstand befindet sich im Hafen von Cala Gonone.
☏ 00 39/07 84/92 00 14, info@cielomar.it, www.cielomar.it

Sicheres Wetter ist unbedingt erforderlich, damit die Rückfahrt klappt (im Sommer stündlich bei gutem Wetter). Erkundigen Sie sich auf jeden Fall vor der Fahrt zur Cala Sisine nach der Rückfahrt von der Cala di Luna nach Cala Gonone.

☺ Bei der Anfahrt mit dem Schiff zur Cala Sisine fahren Sie an der eindrucksvollen Ostküste mit ihren Felsen und Höhlen vorbei.

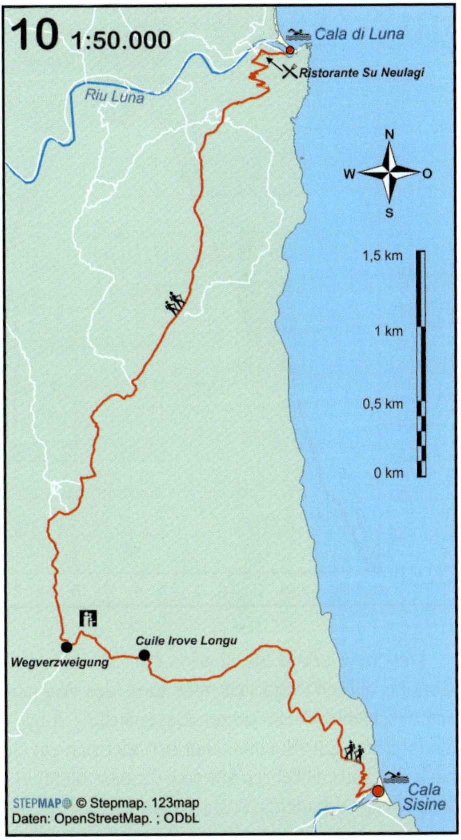

Nach dem Ausstieg aus dem Boot schnüren Sie am Strand in der Cala Sisine die Wanderstiefel. Auch wenn ein Bad im Meer verlockend ist, so empfiehlt es sich, aufgrund der Länge der Tour doch gleich zu starten.

Sie wandern über den Strand zu einem Steinhaus an der nordwestlichen Ecke der Bucht. Etwas links daneben sehen Sie einen Steinmann und einen beginnenden Steig. Dieser ist zuerst etwas undeutlich, führt aber schnell hinauf zu einem deutlicheren Querweg. Diesem folgen Sie bergauf, immer wieder mit traumhaften Blicken auf das Meer. Der Pfad steigt weiter aufwärts, führt teilweise hoch über dem Meer nach Norden und taucht in den Wald ein. Im angenehmen Schatten der Bäume steigen Sie hinauf zur Hütte Cuile Irove Longu, an der Sie kurz durchschnaufen können. Dahinter ist der Weg wieder etwas undeutlich, wird aber bald besser und bringt Sie hinauf zum höchsten Punkt der Wanderung. Von hier oben genießen Sie eine wunderschöne Aussicht hinunter zum Meer.

Gleich danach heißt es an einer Wegverzweigung aufpassen und den rechten Weg nehmen. Er zieht sich über ein schönes Hochplateau in Richtung Cala di Luna. Einmal ist das Ziel sogar an einem Stein angeschrieben und zeigt Ihnen, dass Sie auf dem richtigen Weg sind.

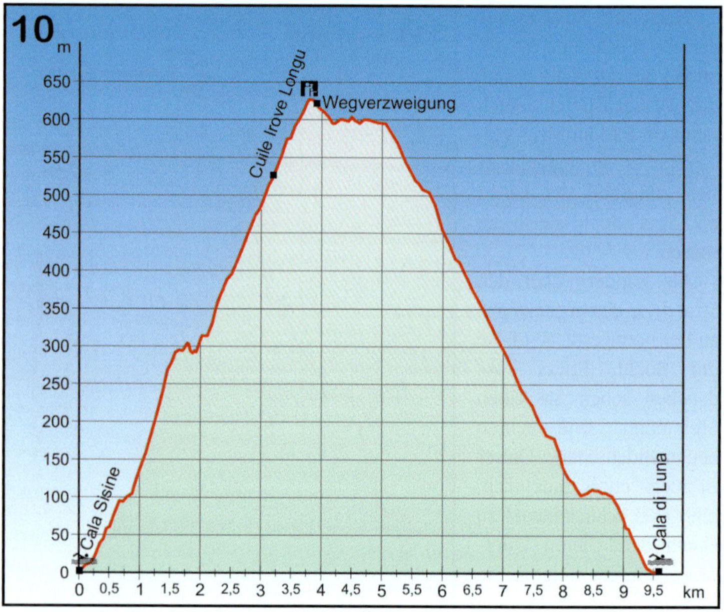

Der Steig bringt Sie abwärts bis zu einem Felsentor, durch das Sie auf Cala Gonone blicken. Vom Felsentor führt der Weg abwärts in ein Tälchen, von dem aus anschließend ein kurzer Gegenanstieg folgt. Zum Schluss steigen Sie steil hinunter zur Cala di Luna. Hier befindet sich ein kleines ✕ Ristorante, in dem Sie nach der Tour einkehren können. Zudem bietet es sich natürlich noch an, hier im Meer zu baden.

✕ Ristorante Su Neulagi in der Cala di Luna, ☎ 00 39/07 84/933 92

Um zum Bootssteg zu kommen, wandern Sie an der Bar vorbei und auf einem kleinen Holzsteg über den Strandsee.

Von der Cala di Luna geht es mit dem Boot zurück nach Cala Gonone. Sie könnten auch zu Fuß über die Cala Fuili nach Cala Gonone wandern, dies sind allerdings fast 9 km zusätzlich.

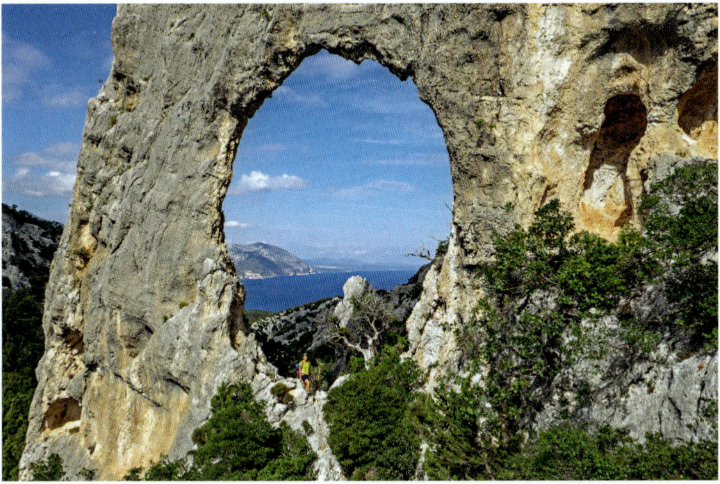

Eindrucksvoll: Das Felsenfenster kurz vor der Cala di Luna

Cala di Luna und Grotta del Bue Marino

An der Ostküste zwischen dem Golf von Orosei und dem Supramonte wechseln sich traumhafte Buchten wie Cala Sisine, Cala Mariolu, Cala di Luna und Cala Goloritzé mit schroffen weißen Felswänden ab, die mit jeder Menge Grotten durchsetzt sind. Zur Cala di Luna gelangen Sie entweder zu Fuß oder mit dem Boot. In einem der kleineren Boote können Sie einige Grotten erkunden. Besonders bedeutsam ist die Grotta del Bue Marino, die ihren Namen von der Mönchsrobbe hat. In den 80ern lebte dieses Tier in der Grotte. Auch heute besucht eine Mönchsrobbe noch ab und an Sardinien.

In der Cala di Luna, der Mondbucht, genießen Sie einen wunderschönen Ort mit südseeblauem Wasser, tiefen Grotten und einem schneeweißen Sandstrand. In einem Restaurant und einer Bar können Sie sich erfrischen.

11 Auf den Monte Corrasi

Tour für Gipfelstürmer

Der Monte Corrasi ist der höchste Gipfel des Supramonte. Das Massiv erhebt sich oberhalb des Bergdorfs Oliena. Der weiße Kalkstock wird häufig als „die Dolomiten Sardiniens“ bezeichnet. Oberhalb der steilen Nordflanke befindet sich eine karge Hochfläche, über die Sie den Gipfel besteigen. Mit der Punta Sos Nidos bietet sich zudem noch ein zweiter Berg für eine Besteigung an.

- Start/Ziel: Hotel Cooperativa Turistica Enis Maccione, GPS N 40°15.866' E 009°24.994'
- 14,2 km
- 5 Std. 45 Min.
- 899 m/899 m
- 696-1.463 m
- Am Corrasi gibt es rot-weiße Markierungen und deutliche Pfade, an der Punta Sos Nidos nur Steigspuren und Steinmänner. Orientierungssinn ist erforderlich.
- Einkehren und sehr lecker essen kann man im Hotel Enis Maccione.
- keine Rastplätze
- Die Wanderung zum Monte Corrasi ist mittelschwer und für Kinder ab 12 Jahren geeignet. Im Schlussanstieg zum Gipfel können ein paar Felsblöcke bekraxelt werden. Sonst lädt die Hochfläche kleine Pfadfinder zum Erkunden ein.
- Der Weg kann gut mit Hunden begangen werden.
- P Von Oliena folgen Sie den Hinweisschildern zum Hotel Enis Maccione. Auf schmaler, kurvenreicher Straße fahren Sie bis zum Hotel. Die folgende Fahrstraße ist bis zu einer kleinen Parkbucht unter den Felsen nicht gesperrt, aber in schlechtem Zustand. Daher ist die Auffahrt nur mit einem geländegängigen Fahrzeug zu erreichen. Wir empfehlen, am Hotel Enis zu parken.
- ☺ Von Oliena kann man noch weiter in den Supramonte fahren. Nach 17 km erreichen Sie Orgosolo, ein einst berüchtigtes Banditendorf.

Vom **P** Parkplatz am Hotel Enis Maccione wandern Sie auf der Fahrstraße kurz aufwärts, bis nach links ein Steig abzweigt. Auf diesem kürzen Sie den Fahrweg ab. Weiter oben trifft der Steig wieder auf die Straße, auf der Sie bis zu einem in Stein eingefassten Rondell gehen. (Bis hierher könnte man auch mit einem geländegängigen Fahrzeug fahren. Sie parken dann vor dem Rondell auf der rechten Seite.)

Von hier folgen Sie dem breiten Schotterweg bergauf zu einer Hirtenhütte, an der Sie vorbeigehen. Der inzwischen sehr grobe Fahrweg windet sich in zahlreichen Kehren unter den eindrucksvollen Felszacken aufwärts. Dabei bieten sich Ihnen immer wieder herrliche Tiefblicke hinunter in den Ort Oliena. Sie erreichen die Karsthochfläche Pradu zwischen den höchsten Gipfeln des Supramonte und gelangen zu einem Wendeplatz. Sie können nun auswählen, ob Sie zuerst den Monte Corrasi oder die Punta Sos Nidos besteigen. Wir beschreiben zuerst die Punta Sos Nidos und heben uns den Corrasi für später auf.

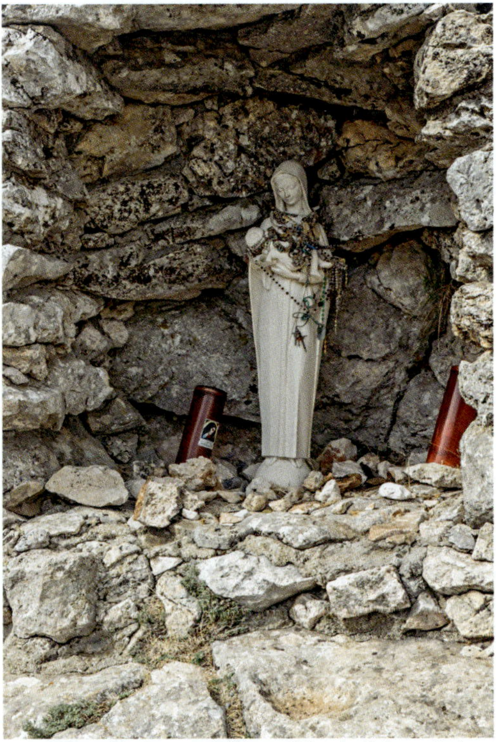

Diese Madonna steht am Wendeplatz zwischen beiden Gipfeln

An der nordöstlichen Ecke des Wendeplatzes beginnt ein rot-weiß markierter Steig, der oberhalb von Hirtenhütten durch die Karsthochfläche führt. Sie durchwandern eine begrünte Fläche und folgen den Markierungen, bis links in Richtung der Punta Sos Nidos Steinmänner abzweigen. Diese leiten Sie immer in Richtung des deutlich sichtbaren Gipfelhanges. Der Anstieg ist nicht besonders schwierig, ein wenig Orientierungssinn ist trotzdem erforderlich. Bei schlechter Sicht sollten Sie auf den Gipfelaufstieg verzichten, zu schnell kann man sich in dem unübersichtlichen Gelände verlaufen. Zwischendurch biegen noch nach rechts Steinmänner ab, diesen dürfen Sie nicht folgen. Über leichte Felsen erreichen Sie den etwas nach hinten versetzten Gipfel, auf dem Sie eine Pause einlegen können.

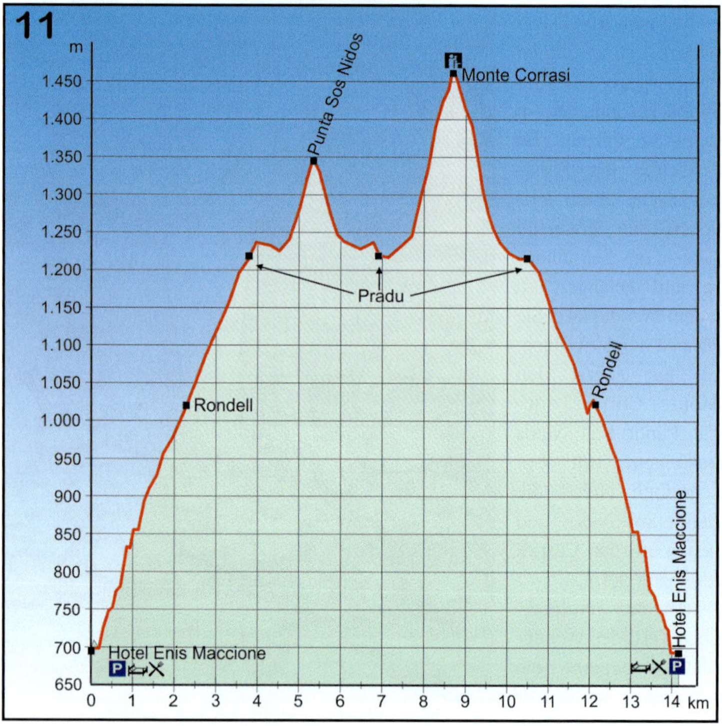

Am Anstiegsweg kehren Sie zurück zum Wendeplatz. Neben der Madonna beginnt der rot-weiß markierte Steig, der in Richtung Monte Corrasi führt. Zuerst ist der Weg noch relativ flach, je näher Sie auf den Gipfel zuwandern, umso steiler wird das Gelände. Sie umgehen den Gipfel auf der linken Seite und steigen über die Ostseite hinauf zum höchsten Punkt auf dem Monte Corrasi. Hier oben haben Sie sich eine Pause verdient und können sich Ihren Proviant schmecken las-

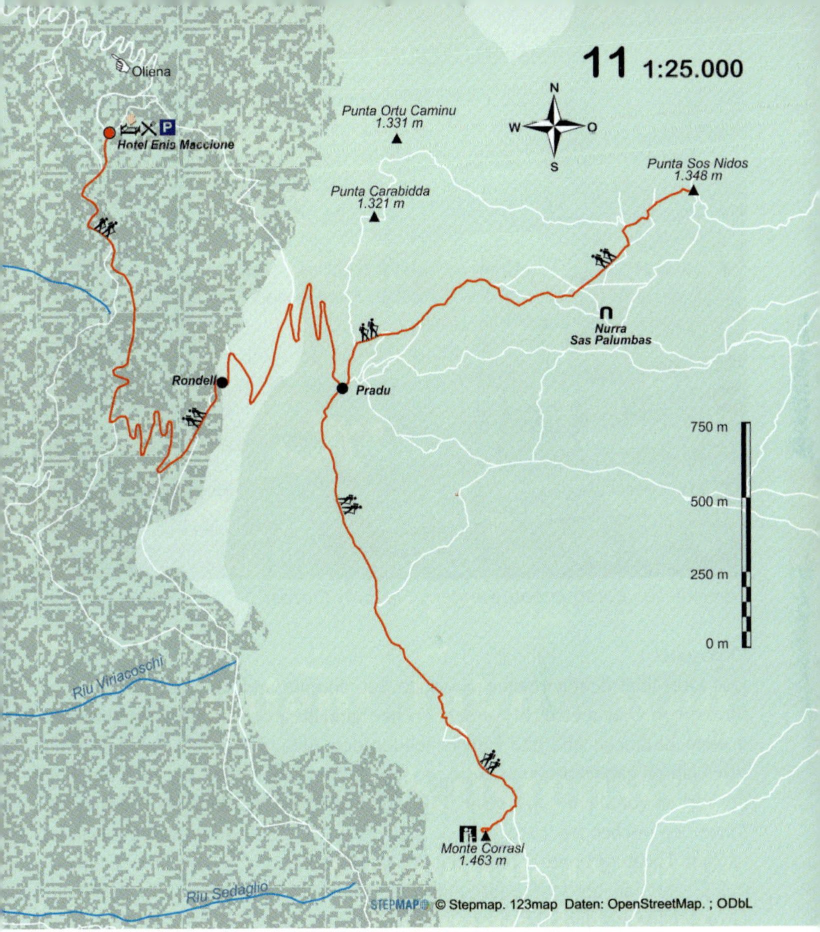

sen. Beim Corrasi handelt es sich um den zweithöchsten Gipfel Sardiniens. Dementsprechend großartig ist die Aussicht vom höchsten Punkt.

Nach der Gipfelpause wandern Sie am Anstiegsweg zurück zum Wendeplatz und hinunter zum P Parkplatz am Hotel Enis Maccione.

Hotel Cooperativa Turistica Enis Maccione, ☞ Reise-Infos, Unterkünfte

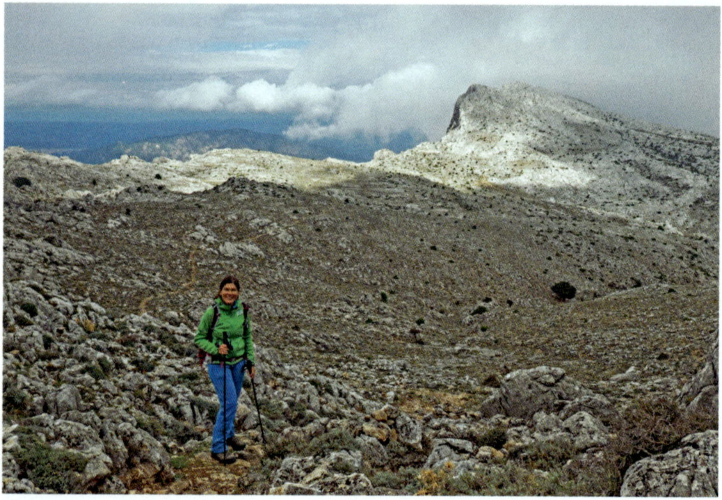

Über dieses Karstplateau wandern Sie zum Corrasi

Orgosolo

Das Dorf liegt deutlich tiefer im wilden Supramonte und kann auf kurvenreicher Straße von Oliena erreicht werden. Früher handelte es sich um ein Banditendorf, in dem Blutrache und alte Familienfehden den Alltag bestimmten. Noch in den 90er-Jahren gab es bis zu 50 Tote pro Jahr. Inzwischen ist dies Vergangenheit und der Ort ist vor allem durch seine 350 Wandmalereien, die Murales, bekannt. Die Malereien reichen bis 1969 zurück. Das erste Wandbild wurde von der anarchistischen Theatergruppe Dioniso aus Mailand erstellt. Der Kunstlehrer Francesco del Casino hat ab 1975 mit seinen Schülern den Ort malerisch umgestaltet. Grund dafür war der 30. Jahrestag des Partisanenkampfes gegen den Faschismus. Auch der Kampf um die Hochfläche Pratobello, auf der ein NATO-Truppenübungsplatz erstellt werden sollte, wurde auf Bildern festgehalten. Auf einem Gebäude finden Sie ein Bildnis des ehemaligen deutschen Bundeskanzlers Helmut Schmidt über den Leichen von Andreas Baader, Gudrun Ensslin, Ulrike Meinhof und Jan-Carl Raspe. Grund war die Solidarisierung mit der RAF.

⑫ Auf den Monte Tiscali

Tour für Archäologen

Der Monte Tiscali ist vor allem aufgrund seines Nuraghendorfs in einer eingebrochenen Doline bekannt. Der Anstieg dorthin ist nicht sonderlich lang und relativ einfach. Wir möchten aber auch eine schöne und noch ziemlich unbekannte Überschreitung vorstellen.

Start/Ziel: Parkplatz vor der Ponte Sa Barva, GPS N 40°13.491' E 009°30.968'

10,2 km

3 Std.

527 m/527 m

190-511 m

gute Markierungen, auch bei der Überschreitung, hier nur kurzzeitig etwas unübersichtlich

Unterwegs gibt es keine Einkehrmöglichkeit. Wer in Dorgali einkehren möchte, dem sei das Hotel Sant'Elene empfohlen. Ebenfalls empfehlenswert ist die Pizzeria Il Giardino.

Rastplatz im Wald beim Aufstieg (km 1,7) sowie beim Abstieg (km 8,5)

Die Tour ist für Kinder ab 12 Jahren geeignet. Vorsicht kurz vor der Doline, hier ist etwas Trittsicherheit erforderlich. Die Doline ist großartig zu erkunden, auch das Ovile ist bestens geeignet für alle Arten von Spielen. Die Überschreitung ist für Kinder weniger geeignet.

Der Weg bis kurz vor die Doline ist für Hunde eigentlich gut möglich, der Schlussabschnitt eher nicht. Von diesem raten wir mit Hunden ab.

P Von Dorgali geht es in Richtung Cala Gonone. Fahren Sie am Abzweig vorbei und nach 1 km nach rechts (Schild Gorropu/Tiscali) hinunter in das Tal. Durch dieses kommen Sie bis zum Parkplatz vor der Ponte Sa Barva.

Die Tour sollte generell nicht bei Nässe unternommen werden.

Vom **P** Parkplatz gehen Sie hinunter zur Brücke und überqueren diese. Sie folgen nun dem ebenen Schotterweg auf der anderen Flussseite bis zu einem Schotterparkplatz. Hier biegen Sie nach links ab und wandern in den Wald hinein. Bald schlängelt sich der steile, mit Felsen durchsetzte Weg über freies Gelände in einigen Kehren bergauf. Der Steig führt kurz nach links und danach ein paar Meter abfallend weiter. Sie tauchen wieder in den Wald ein und erreichen leicht ansteigend einen

⛼ Rastplatz und danach einen Sattel. Hier kommt von rechts ein Weg aus dem Lanaittu-Tal herauf. Jetzt folgen Sie den Wegweisern nach links bergauf. In einigen Serpentinen windet sich der gut angelegte Steig aufwärts, wird zum Schluss deutlich schmaler und bringt Sie über scharfkantige Felsen zum Rand der Doline. Nun sind es nur noch ein paar Meter bis zum Eingang, an dem Sie den Eintritt zahlen.

Nuraghisches Dorf am Tiscali

In der gewaltigen Höhle, deren Decke eingestürzt ist, befindet sich eine Nuraghensiedlung. Das Dorf ist ca. 4.000 Jahre alt und bestand aus 40 Hütten, von denen heute nur noch Mauerreste erhalten sind.

⌘ im Sommer, 9:00-19:00, Eintritt € 5, Kinder € 2

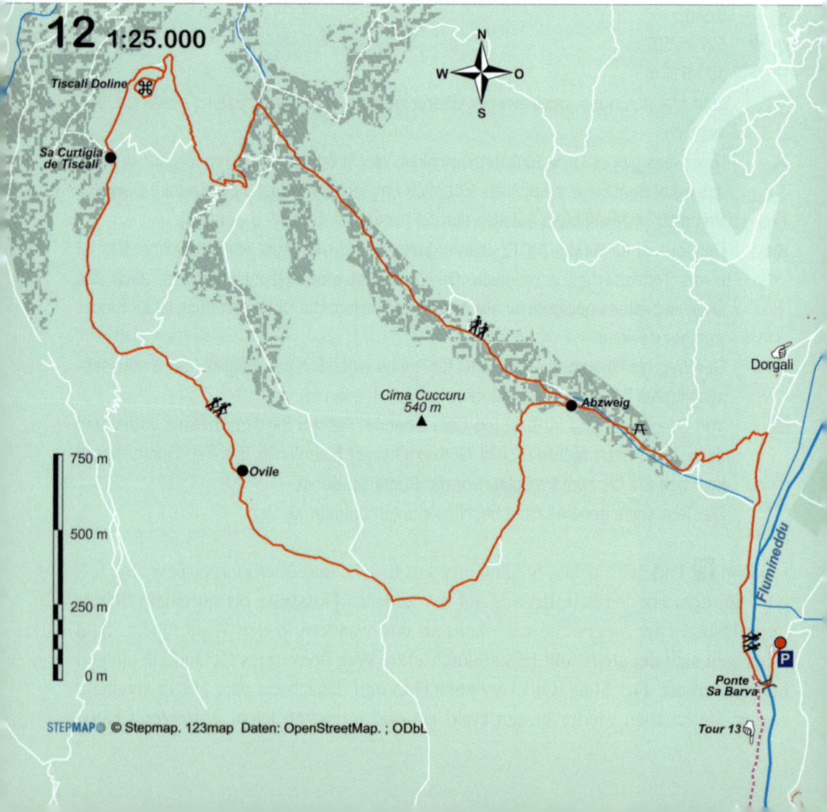

Nach der Besichtigung des Nuraghendorfes können Sie die Überschreitung des Monte Tiscali fortsetzen. Hierfür gehen Sie ein paar Meter zurück und lassen sich von den rot-weißen Markierungen nach links leiten. Hierbei haben Sie eine schöne Aussicht auf das Lanaittu-Tal. Die Markierungen führen weiter, Sie wandern dabei unter einer überhängenden Felswand entlang und steigen nach links zu einem schmalen Felsriss. Ein enger Durchschlupf ermöglicht den Übergang auf die andere Seite. Hier treffen Sie auf eine Wegteilung. Nun folgen Sie den Markierungen nach links aufwärts. Der Steig bringt Sie hinauf zum Gipfelkamm des Sa Curtigia de Tiscali. Sie lassen sich von den guten Markierungen und Steinmännchen über die Hochfläche führen, bis Sie eine deutliche Wegverzweigung erreichen. Hier nehmen Sie den linken Weg bergab bis zu einem Zaun. Sie verlassen nun den weiter bergab führenden Weg und gehen durch den Zaun hindurch. Die rot-weißen Markierungen leiten Sie über aussichtsreiche Hochfläche bis zu einem Ovile.

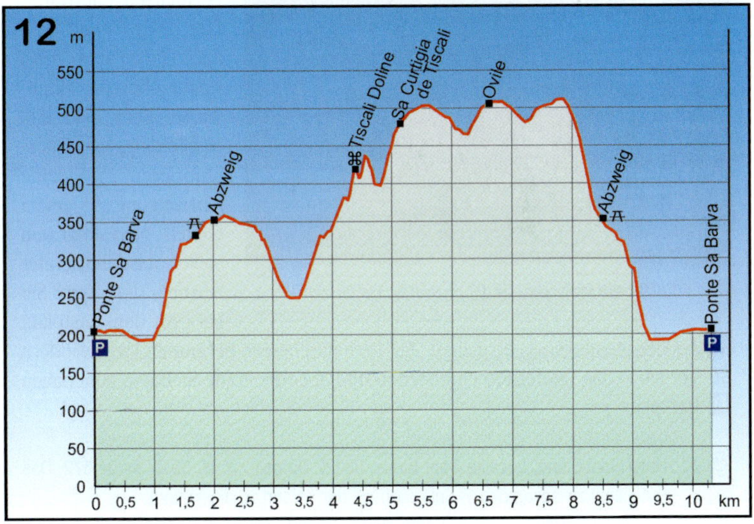

Ovile

Die kleinen hölzernen Rundbauten können immer wieder auf Wanderungen entdeckt werden. Sie gehören zur traditionellen Hirtenkultur Sardiniens. Normalerweise bieten sie einen guten Unterstand bei einem kurzen Regenguss. Auch eine

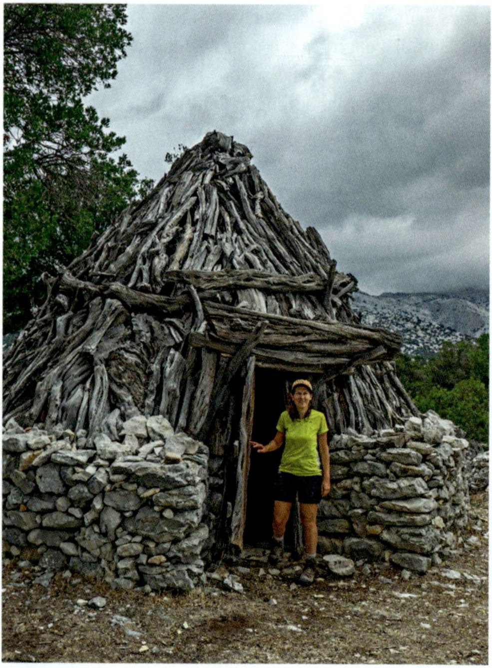

Ein kleines Hirtenovile beim Abstieg vom Tiscali

kleine Hilfe für Hirten ist vorhanden, mit Kerzen, Streichhölzern und manchmal auch einer Notration Essen.

Von der kleinen Hütte führen Sie die Markierungen über Felsplatten in ein kleines Tal. Hier gehen Sie entlang der Markierungen nach rechts über Felsplatten aufwärts. Der Weg biegt bald nach links und führt weiter über die Hochfläche. Sehr bald fällt er allerdings ab. Dabei ignorieren Sie eine Abzweigung zu einem Gipfel. Nun folgt ein steiler, felsdurchsetzter Abstieg, auf dem Sie kurz vor dem Rastplatz wieder den Anstiegsweg erreichen. Auf dem nun bereits bekannten Weg wandern Sie zurück in das Tal des Riu Flumineddu und über die Ponte Sa Barva zum nahen **P** Parkplatz.

☺ ✕ Hotel Sant'Elene, Località Sant Elene, 08022 Dorgali, ☏ 00 39/07 84/94 572. Das Hotel liegt zwischen den Weinbergen bei der Anfahrt zu dieser Tour.

♦ Pizzeria Il Giardino, Viale E. Fermi, 08022 Dorgali, ☏ 00 39/07 84/942 57

Dorgali

Dorgali ist der Talort der Wanderung zum Tiscali. Der Ort ist bekannt für seinen Cannonau-Wein, der hier angebaut wird. Auch gutes Olivenöl und leckeren Pecorino bekommt man hier. Das Zentrum mit seinen schmalen Gassen, in dem man viele kleine Läden und Bars findet, ist für manchen Autofahrer eine Herausforderung. Der Ort lädt aber auch zum Bummeln ein.

Aufgrund seiner Lage hat sich Dorgali vor allem als Ausgangspunkt für Outdoor-Aktivitäten einen Namen gemacht.

An der Ponta Sa Barva startet und endet die Wanderung

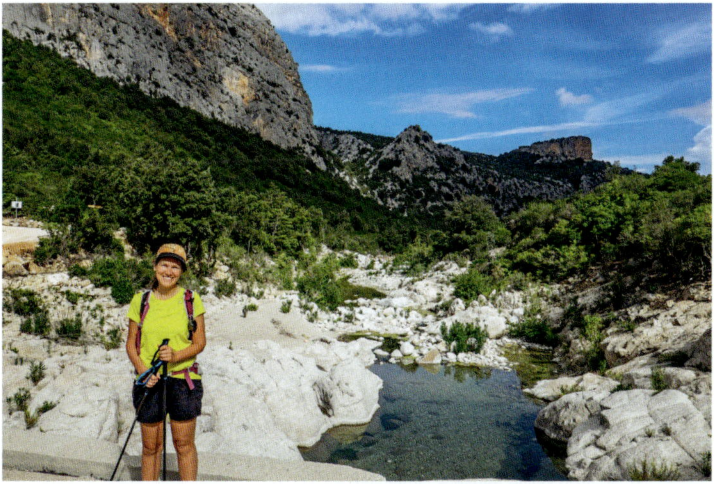

13 In die Gorropu-Schlucht

Tour für Entdecker

Die Gorropu-Schlucht gehört zu den eindrucksvollsten Natursehenswürdigkeiten Sardiniens. Der Rio Flumineddu hat sich bis zu 500 m tief in den Fels gegraben. Sie können unterhalb von senkrechten Felswänden durch die Schlucht wandern. Der Besuch ist für jeden, der an der Ostküste Sardiniens Urlaub macht, ein Muss.

→ Start: Pass Genna Silana, GPS N 40°09.535' E 009°30.482'; Ziel: Ponte Sa Barva, GPS N 40°13.491' E 009°30.968'

10,4 km (ohne Besichtigung der Schlucht)

4 Std. (ohne Besichtigung der Schlucht)

↑↓ 357 m/1.159 m

⇧ 200-1.006 m

teilweise keine Markierungen, deutlicher Weg zur Schlucht, in der Schlucht Markierungen

unterwegs keine Einkehrmöglichkeit, kleine Bar am Pass Genna Silana

keine Rastplätze

Für die Wanderung mit Kindern empfiehlt es sich, die Tour von der Ponte Sa Barva aus anzugehen (Anfahrt: ☞ Tour 12). Das Kraxeln in der Schlucht macht Kindern Spaß, viele kleine Versteck laden zum Spielen ein.

Weit reicht der Blick vom Pass Genna Silana in das Tal

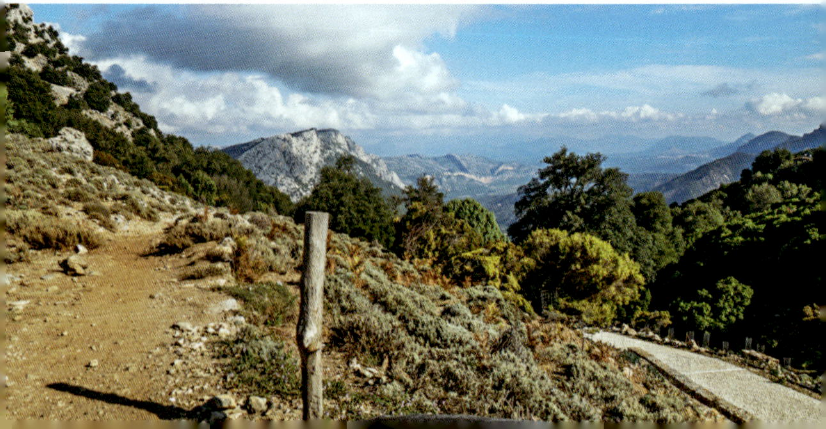

Der Weg bis zum Eingang der Schlucht kann gut mit Hunden begangen werden.

Von Dorgali fahren Sie auf der SS125 zum Pass Genna Silana. Alternativer Startpunkt ist die Ponte Sa Barva, die ebenfalls direkt von Dorgali angefahren werden kann (☞ Tour 12).

Der Weg von der Ponta Sa Barva zur Schlucht ist deutlich leichter als der Abstieg vom Pass Genna Silana und als eigenständige Wanderung zu empfehlen.

Unternimmt man die ganze Tour, muss man am Vorabend die Rückkehr zum Pass organisieren. Eine Möglichkeit ist die Agentur Gorropu, die von Sandra Lietze und ihrem Mann Franco Murru geleitet wird und am Pass ihr Büro hat. Gorropu, Passo Silana SS125, km 183, 08040 Urzulei, ☏ 00 39/347/423 36 50 oder 00 39/333/850 71 57, murru.fran@tiscali.it, www.gorropu.com

Die Schlucht selbst ist in drei Abschnitte geteilt. Der erste, grün markierte Teil ist leicht und kann von jedem begangen werden. Der gelb markierte Teil erfordert etwas Klettererfahrung. Bis hierher kann jeder selbst entscheiden, wie weit er gehen will. Der rote Teil ist ein Klettersteig und für Wanderer tabu. Diesen Teil sollte man nur mit entsprechender Ausrüstung und unter Leitung eines Führers begehen. Der Abschnitt in der Schlucht ist bei den Zeit- und Kilometerangaben aus diesen Gründen nicht mit angegeben. Die Schlucht kostet € 5 Eintritt.

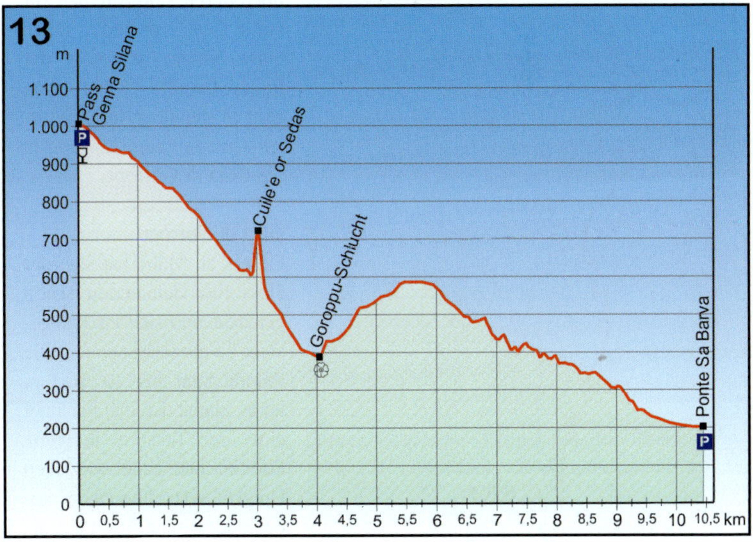

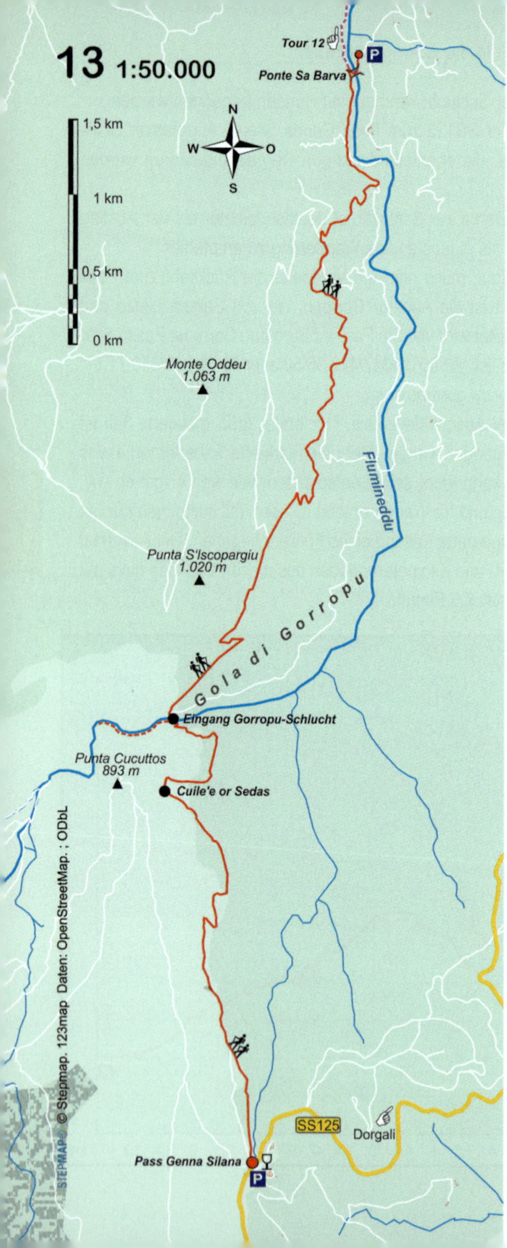

Am Pass Genna Silana markiert ein hölzerner Wegweiser den Einstieg für die Wanderungen zur Gorropu-Schlucht. Sie wandern auf dem deutlichen Pfad zu einer alten Hirtenhütte, kommen zu einem Fahrweg und folgen ihm nach links. Wenig später endet der Fahrweg und Sie wandern auf dem Steig weiter zu einem großen Erdbeerbaum. Der Weg bringt Sie steil hinunter zu einer Hirtenhütte. Dann führt der Wanderweg weiter durch die Macchia bergab. Sie erreichen eine Geröllhalde, die Sie überqueren, und kommen zur Hütte Cuile'e or Sedas, die in einer Nische unterhalb der Punta Cucuttos steht. Nun geht es steil über Treppenstufen hinunter zum Eingang in die Gola di Gorropu.

Gola di Gorropu

Einiges an Mühe hat sich der Fluss Rio Flumineddu schon gemacht und sich ins Kalkgestein eingefressen. Die Wände sind bis zu 500 m hoch, damit ist die Schlucht eine der tiefsten in ganz Europa. Die ganz speziellen Umgebungsbedingungen ließen endemische Arten entstehen, allen voran eine spezielle Akelei, die *Aquilegia nuragica.* Sie wurde in die Liste der 50 Mittelmeerarten aufgenommen, die vom Aussterben bedroht sind. Die Akelei wächst nur in der Schlucht, und auch dort gibt es nur wenige Exemplare. Andere spektakuläre Pflanzen sind die Europäische Eibe und die Breitblättrige Steinlinde im ersten Teil der Schlucht, die um die 1.000 Jahre alt sind. Besonders selten ist der Steinadler, der sein Nest in die hohen Wänden baut. Aber auch Mufflon, Baummarder, Wildschwein, Wildkatze, Fuchs und Siebenschläfer sind in der Schlucht zu Hause.

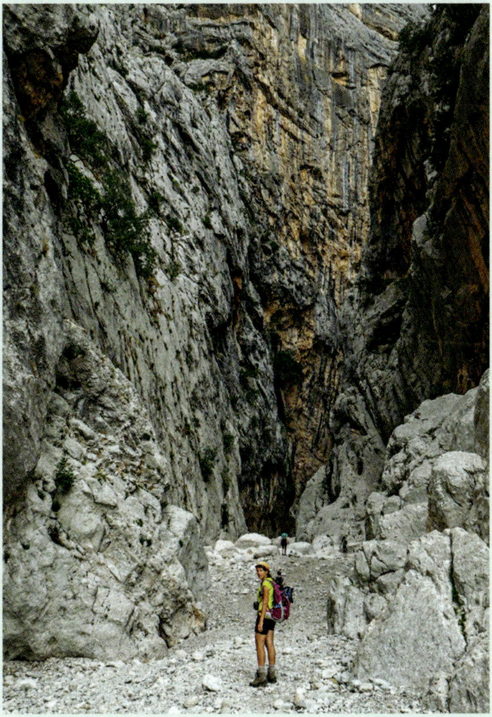

Eindrucksvoll: die senkrechten Felswände in der Schlucht

Viele Legenden ranken sich um die Schlucht, fast alle haben gemeinsam, dass etwas Böses in der Schlucht hausen soll („sa mama de Gorropu", „sos drullios", „sa tentassione"). Bekannt ist, dass manchmal die Winde in der Schlucht eine solche Geschwindigkeit erreichen, dass man sie regelrecht heulen hört.

Sie bezahlen den Eintritt und wandern durch die Schlucht. Der grüne, leichte Teil dauert ungefähr 20 Min. (bis zum Markierungswechsel). Bei der gelben Markierung ist die Schlüsselstelle eine glatte Felsplatte. Diese Passage sollte nur überqueren, wer sich absolut sicher ist.

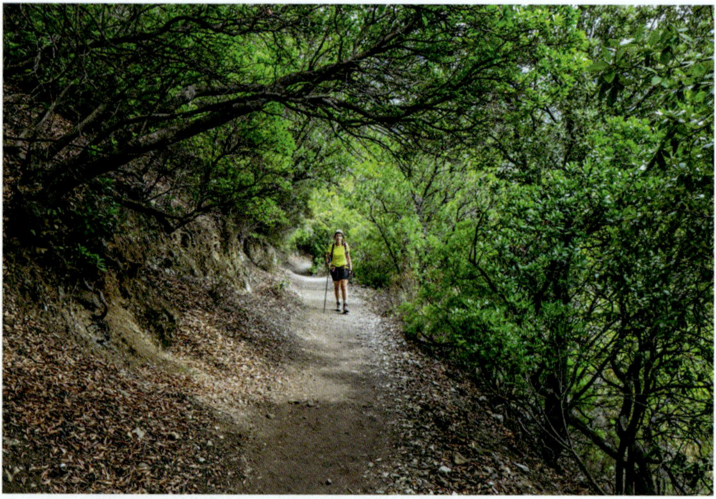

Auf dem schönen Weg von der Ponte Sa Barva

Wieder am Eingang besteht natürlich die Möglichkeit, zurück zum Pass Genna Silana zu wandern. Der Anstieg hinauf zur Passhöhe ist aber ziemlich anstrengend, daher bietet sich die leichte Variante zur Ponta Sa Barva an.

Sie gehen vom Eingang der Schlucht steil hinauf zum Wanderweg. Der schmale Weg verläuft oberhalb des Riu Flumineddu bis zu einer Quelle. Bald schon führt der Weg Richtung Fluss hinunter, bleibt dann aber doch etwas oberhalb und bringt Sie zu einer weiteren Quelle. Inzwischen ist aus dem schmalen Weg eine breite Schotterstraße geworden. Diese verläuft teilweise in Flussnähe, teilweise weiter oben am Hang talauswärts bis zur Weggabelung an der Brücke. Sie gehen nach rechts über die Ponta Sa Barva zum nahen P Parkplatz.

14 In den Supramonte di Urzulei

Tour für Wanderer, die Einsamkeit lieben

Hoch über dem kleinen Bergdörfchen befindet sich eine wunderschöne Wanderroute über die Karsthochfläche des Supramonte. Die Gegend wird häufig links liegen gelassen. Die Passstraße von Baunei nach Dorgali verläuft durch dieses Gebiet, zum Ausgangspunkt am Planu Campu Oddeu „verirrt" sich aber selten jemand.

- Start/Ziel: Parkplatz am Planu Campu Oddeu, GPS N 40°06.186' E 009°30.251'
- 13,5 km
- 4 Std. 30 Min.
- 219 m/219 m
- 888-1.102 m
- vereinzelt Wegweiser und rot-weiße Markierungen, trotzdem Orientierungssinn und gute Sicht erforderlich
- keine Einkehrmöglichkeit

Bewohner der Ebene Fennau

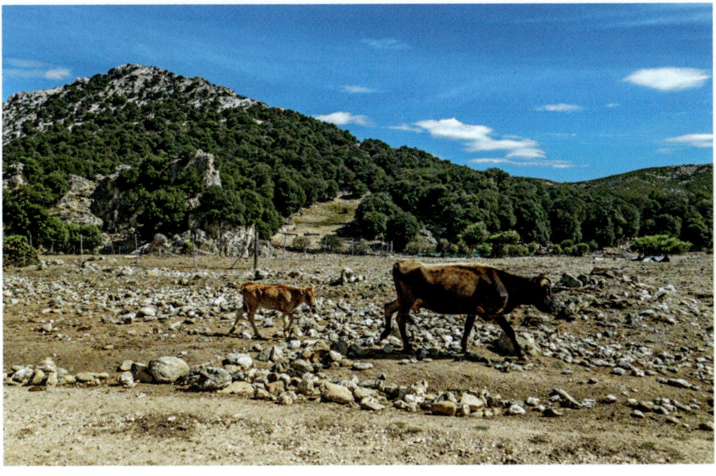

- Rastplätze an der Funtana Sa Coilargia (km 4,5)
- Die Tour ist recht anspruchsvoll, daher nur für größere Kinder ab 14 Jahren geeignet. Die größeren Kinder können hier gut als Pfadfinder tätig werden, vielleicht findet sich ja noch eine Sehenswürdigkeit abseits des Weges.
- Der Weg ist für Hunde gut geeignet, sie müssen aber bei den Weiden am zweiten Teil der Tour angeleint werden.
- P Parkplatz am Planu Campu Oddeu. Auf der SS125 fahren Sie von Baunei bzw. Dorgali zum Genna Croce. Hier biegen Sie auf die schmale Straße in Richtung Westen ab. Das Sträßchen führt unter einer senkrechten Felswand entlang zu einem Eisengitter. Direkt danach können Sie an dem Abzweig eines Schotterweges parken.

Vom P Parkplatz am Planu Campu Oddeu wandern Sie auf dem nach links führenden Schotterweg zuerst ein wenig abwärts und dann bald wieder bergauf. Die bereits vom Parkplatz aus sichtbaren Häuser bleiben rechts liegen. Der Weg bringt Sie an ein paar Felskuppen vorbei zu einer Wegverzweigung. Sie nehmen den linken Hauptweg, der am Punta Orotecannas vorbei zu einer Wegteilung führt. Hier nehmen Sie den rechten Weg und gleich nach wenigen Minuten an der nächsten Verzweigung den linken Steig. Den nächsten Abzweig nach links lassen Sie unberücksichtigt und steigen hinunter zu einem Bach, den Sie überqueren. Einen zweiten Bach überqueren Sie ebenfalls und folgen dem Wanderweg vorbei an ein paar Steineichen zur Hirtenhütte Cuile Montigre Mannu unter einem markanten Felsen. Von der Hütte wandern Sie noch kurz bergauf, bald schon wird der

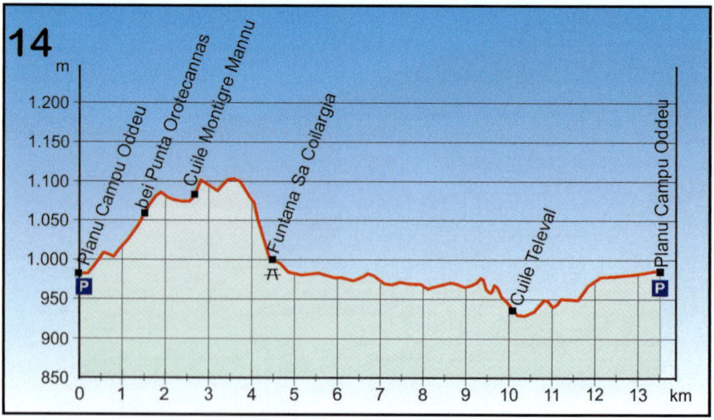

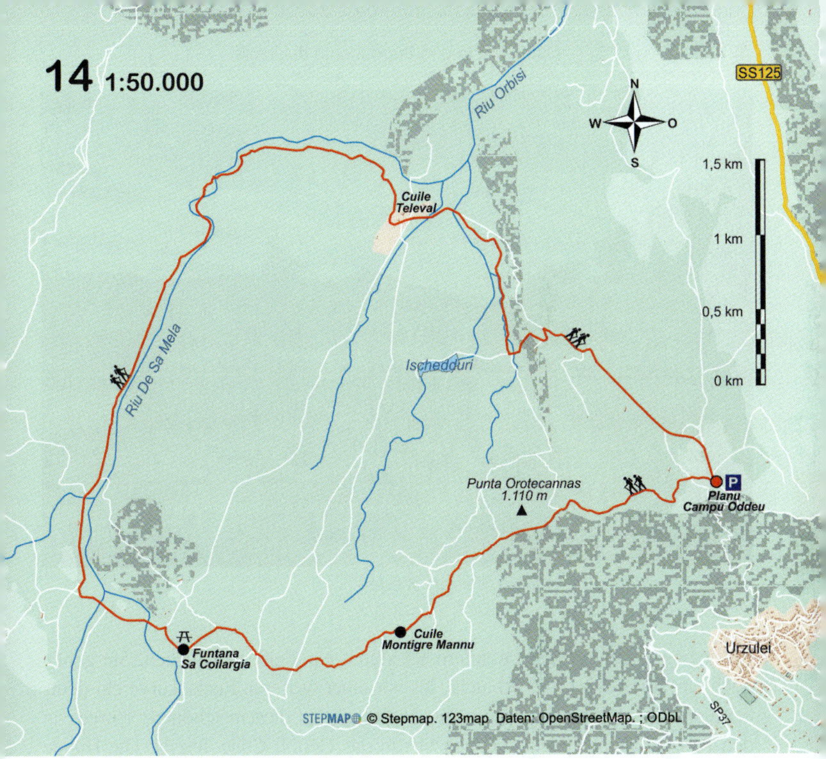

Weg aber flacher und fällt sogar leicht ab. Sie erreichen eine kleine Lichtung und ein weiteres Bachbett. Nach der Überquerung des Bachbettes kommen noch einmal zwei kleinere Rinnen, die Sie ebenfalls überqueren. Danach folgen Sie dem Weg hinauf zu einer Lichtung. Hier genießen Sie erst einmal die schöne Aussicht auf die Karsthochfläche. Anschließend wandern Sie auf einem Steig geradeaus hinunter zu einem ⛼ Picknickplatz am Rande der Ebene Fennau. Hier befindet sich die Quelle Funtana Sa Coilargia.

Sie gehen nach rechts zu einer Teerstraße, der Sie nach links folgen, überqueren auf einer Brücke einen im Sommer trockenen Bach und gelangen zu einem Wegweiser und einer Infotafel. Hier nehmen Sie den rechten Weg. Sie kommen zu einem großen Stallgebäude und erreichen wenig später eine Viehtränke. Von ihr folgen Sie dem breiten Weg in die geradeaus vor Ihnen liegende Schlucht. Der Weg verläuft sich immer mehr, teilweise gehen Sie sogar im Bachbett. An einem

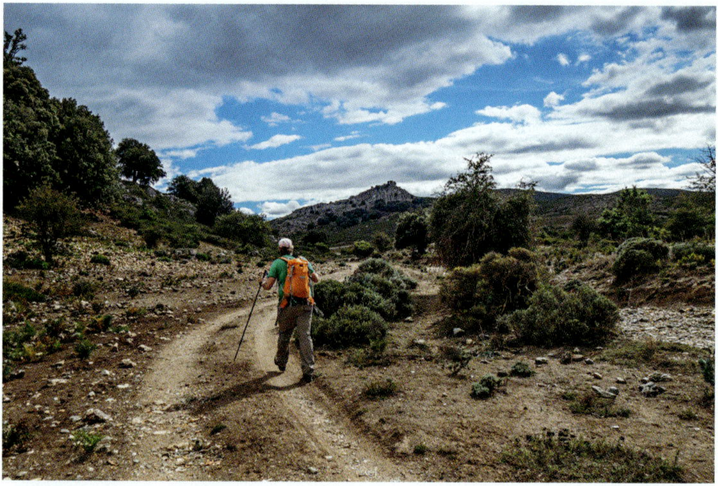

Teilweise folgen Sie richtig breiten Wegen

Rechtsbogen der Schlucht wandern Sie durch ein kleines Wäldchen. Sie gehen noch ein Stück durch die Schlucht, bis vor einer weiteren Rechtskurve ein deutlich sichtbarer Köhlerweg nach rechts abzweigt. Auf diesem schönen, teilweise in den Fels gehauenen Steig kommen Sie an das Gehöft Cuile Televal. Die Hunde bellen zwar bei Ihrer Ankunft, sind aber nur neugierig. Sie wandern an den Häusern vorbei zu einer Straße. Auf dieser gehen Sie nach links über den Bach, bis gleich wieder nach rechts ein Schotterweg abzweigt. Diesem folgen Sie bergauf bis zu einer Linkskurve. Nun gehen Sie nach rechts hinunter in die Ebene und weiter geradeaus an ein paar Hirtenstallungen vorbei. Sie überqueren einen Bach zuerst nach rechts, dann wieder nach links, und erreichen einen breiten Weg. Dieser bringt Sie hinauf zur Fahrstraße, auf der Sie nach rechts bis zum P Parkplatz am Planu Campu Oddeu wandern.

⑮ Von der Golgo-Hochebene zur Cala Goloritzè

Tour für Meeresnixen

Bei der Cala Goloritzè handelt es sich um einen kleinen, traumhaften Sandstrand, der von einer senkrechten Felsnadel überragt wird. Die Wanderung von der Golgo-Hochfläche zur Bucht ist nicht besonders schwer und dementsprechend beliebt. Trotzdem sollte sie nicht unterschätzt werden – an warmen Sommertagen kann es sehr heiß werden, zudem geht es auf dem Rückweg ausschließlich bergauf.

- Start/Ziel: Camping Su Porteddu auf der Golgo-Hochebene, GPS N 40°04.999' E 009°40.691'
- 6,9 km
- 3 Std.
- 516 m/516 m
- 22-469 m
- Keine Markierungen, der Pfad ist aber gut zu erkennen.
- Bar am Ausgangspunkt, unterwegs keine Einkehrmöglichkeit. Auf der Golgo-Hochfläche gibt es zwei Restaurants, wir waren im Rifugio der Cooperativa Goloritzè.
- Es liegen keine Rastplätze am Weg, aber am Strand kann man schön sitzen (Unterlage mitnehmen).
- Bademöglichkeit in der Cala Goloritzè (km 3,4)
- Die gesamte Tour ist für Kinder ab 10 Jahren geeignet, Vorsicht am letzten Stück zum Strand, an dem Kinder einen riesigen Spaß haben werden. Der Strand lädt zum Spielen ein, das Badevergnügen kommt auf keinen Fall zu kurz.
- Der Weg ist ziemlich steinig, das Schlussstück zum Strand sehr steil, sodass wir eine Hundemitnahme nicht empfehlen können.
- P Gebührenpflichtiger Parkplatz am Campingplatz Su Porteddu. Von Baunei fahren Sie auf schmaler Straße zur Golgo-Hochebene und über die Hochebene, bis rechts die Straße zum Campingplatz abzweigt.

Vom P Parkplatz am Campingplatz Su Porteddu verlassen Sie das eingezäunte Gelände und folgen dem breiten Weg, der nach rechts führt. Sie passieren die Informationstafel zum Weg in die Cala und wandern auf dem nun schmaleren Wanderweg durch die Macchia. Der Steig führt ein gutes Stück bergauf. Nach ca. 10 Min. wird das Gelände flacher und Sie erreichen die kleine Anhöhe Annidai.

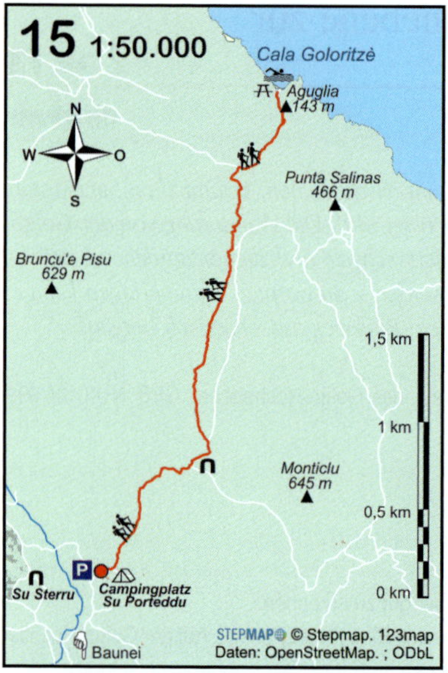

Bald sehen Sie das Meer tief unter sich, aber Vorsicht – der Weg zieht sich noch ganz schön in die Länge. Zuerst ist der Wegverlauf ziemlich flach, dann bringt er Sie aber kontinuierlich durch das Tal bergab. Sie wandern an ein paar Felshöhlen vorbei, immer wieder säumen alte Korkeichen den Weg. Der gute, mit Steinen durchsetzte Pfad nimmt Sie mit hinunter zu einem Felsentor und weiter durch dichte Macchia bis oberhalb der Cala Goloritzè. Der Schlussabstieg führt steil hinunter zum Strand und erfordert etwas Vorsicht. Direkt nach unserer Erkundung wurde dieser Abschnitt von starken Regenfällen zerstört und war längere Zeit gesperrt.

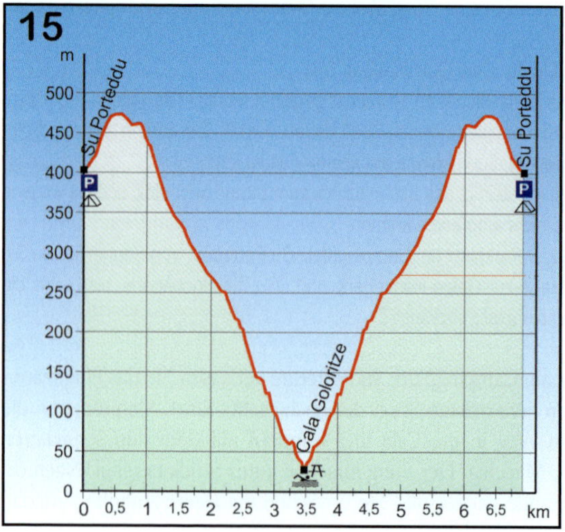

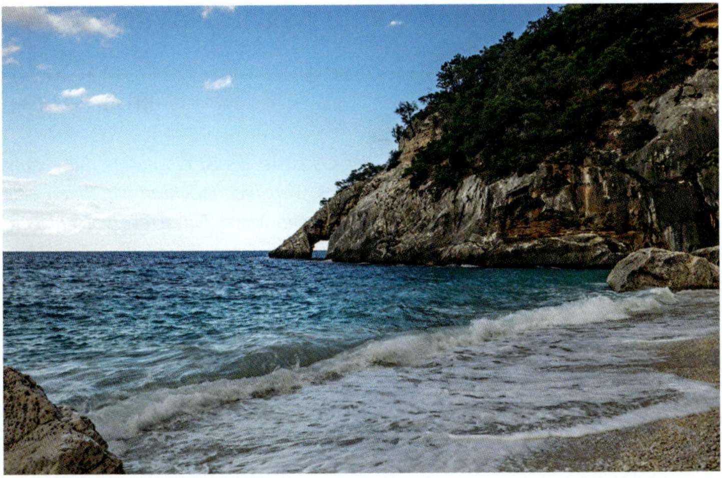

Etwas außerhalb im Meer befindet sich ein schönes Felsentor

Inzwischen wurde er repariert und wieder freigegeben. Der kleine Strand ist wirklich traumhaft und lädt zum Verweilen und Baden ein. Da der Rückweg nicht besonders lang ist, kann man sich für den Aufenthalt am Strand entsprechend Zeit nehmen. Dabei sollten Sie aber unbedingt berücksichtigen, dass Sie fast ausschließlich bergauf steigen werden.

Der Rückweg zum P Parkplatz erfolgt auf dem Hinweg.

Il Rifugio, Località Golgo, 08040 Baunei, 00 39/368/702 89 80, goloritze@tiscali.it, www.coopgoloritze.com/rifugio-altopiano-golgo

Golgo-Hochebene

Auch wenn man nicht zur Cala Goloritzè wandert, so ist die Golgo-Hochfläche einen Ausflug von Baunei aus wert. Die Basalthochfläche ist unbesiedelt und diente schon den Nuraghern als Kultstätte. Hier oben finden Sie noch unberührte Wildnis mit vielen geschützten Tieren, Steineichen und eine herrliche Ruhe. In der Nähe der Abzweigung in Richtung Su Porteddu liegen die Wassertümpel As Piscinas. In der Nähe (zu Fuß erreichbar) befindet sich das Karstloch Su Sterru, das 276 m tief ist. Auf der Hochfläche steht zudem die Wallfahrtskirche San Pietro di Golgo.

16 Von Baunei nach Santa Maria Navarrese

Tour für Meeresblicker

Der Ort Baunei liegt am Berghang an der Ostküste. Es ist ein nettes, beschauliches Bergdorf mit einem gemütlichen Hotel. Von hier möchten wir Ihnen eine schöne Wanderung in den kleinen Badeort Santa Maria Navarrese vorschlagen. Wer möchte, kann unterwegs noch den Monte Oro, einen traumhaften Aussichtsberg, besteigen.

→ Start: Baunei, GPS N 40°01.902' E 009°39.795'; Ziel: Santa Maria Navarrese, GPS N 39°59.242' E 009°41.301'

12,1 km

4 Std. 30 Min.

↑↓ 378 m/853 m

⇧ 7-644 m

Dieses Kreuz befindet sich auf einem kleinen Felskopf über Baunei

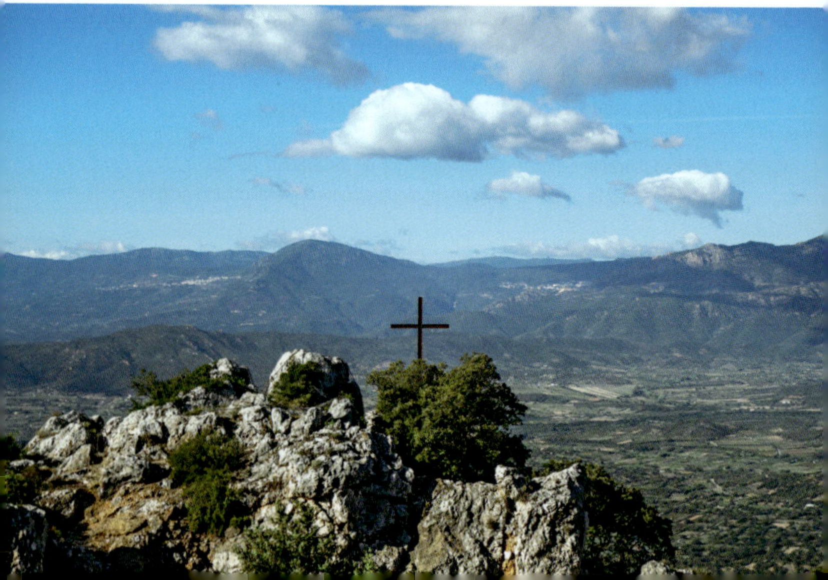

✎ Nur der Gipfelweg ist markiert, sonst gibt es keine Markierungen. Es geht aber über gute, einfach zu findende Wanderwege.

✕ Unterwegs gibt es keine Einkehrmöglichkeiten, lediglich in Santa Maria Navarrese, z. B. das Ristorante Pizzeria Il Pozzo (☞ Tour 17). Ein Restauranttipp ist das Ristorante Pizzeria Pisaneddu nahe Baunei.

Rastplätze am Beginn der Tour, nach dem Abzweig von der Straße (km 1,5)

Bademöglichkeit in Santa Maria Navarrese (km 11,3)

Die gesamte Tour ist für Kinder ab 12 Jahren gut geeignet, ohne Gipfelabstecher auch für Kinder ab 8 Jahren. Nehmen Sie ausreichend Getränke mit. Planen Sie für den Abschluss unbedingt eine längere Bade- und Spielzeit ein, der Strand in Santa Maria Navarrese ist wirklich schön. Und das Eis ist wohlverdient.

Die Tour ist für größere Hunde gut geeignet. Nehmen Sie Wasser mit.

P Sie parken am besten in Santa Maria Navarrese und fahren von dort mit dem Bus nach Baunei.

Linienbus von Santa Maria Navarrese (Bushaltestelle an der Kreuzung Via Lungomare/Via Pedras) nach Baunei (Bushaltestelle bei der Kirche), mehrmals täglich. Aktueller Busfahrplan unter www.arst.sardegna.it

Von der Bushaltestelle bei der Kirche in Baunei steigen Sie hinter dem Rathaus die Treppe hinauf. Sie folgen der nächsten Straße kurz nach rechts und gehen nach dem Haus Nr. 29 gleich wieder nach links. Biegen Sie rechts in die nächste Straße ein und spazieren Sie nach links zu einem grünen Eisengitter. An

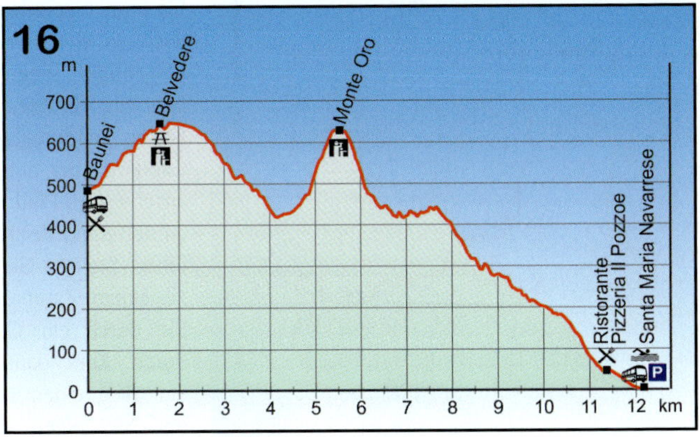

dem Haus Nr. 93/95 wenden Sie sich nach rechts und gleich hinter dem Haus wieder nach links in die Vico San Pietro. Sie geht in einen Schotterweg über. Auf diesem steigen Sie durch den Wald hinauf zu einer Fahrstraße mit einem Brunnen, an dem sich ein steinerner Wildschweinkopf befindet. Nun wandern Sie auf der Straße nach links in Richtung der Golgo-Hochebene. Sie gehen um eine Sendeanlage herum und halten genau auf einen Felsen mit Kreuz zu. Folgen Sie noch kurz der Straße, bis Sie auf Höhe des Felskopfes sind. Nun gehen Sie auf der Straße noch durch eine Links- und eine Rechtskurve und wandern in der letzten Linkskurve vor der Golgo-Hochebene geradeaus über eine Schotterfläche und auf den hier ansetzenden Pfad (keine Markierung). Dieser bringt Sie bergauf zu einem geschotterten Parkplatz. Hier biegen Sie nach rechts zu den schon sichtbaren Bänken und dem Aussichtsfelsen Belvedere mit Geländer ab.

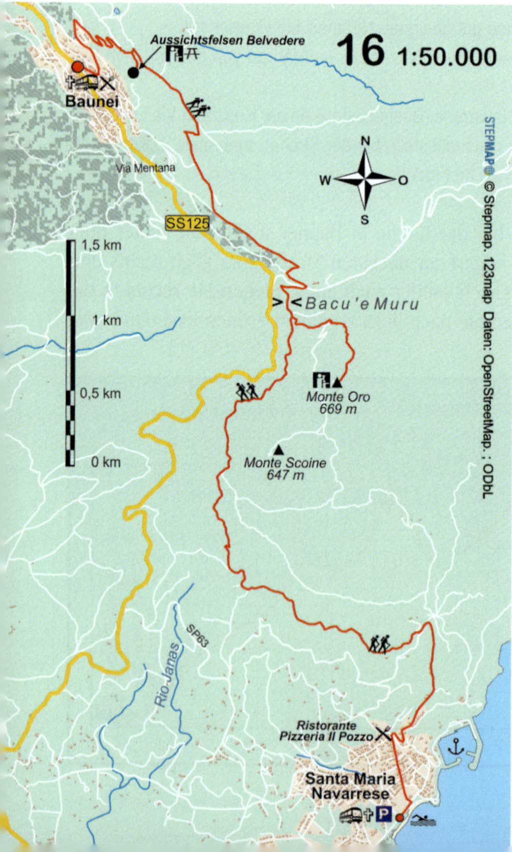

Nachdem Sie die herrliche Aussicht genossen haben, gehen Sie wieder kurz zurück zum Parkplatz und nehmen den hier beginnenden Fahrweg nach rechts. Auf diesem wandern Sie immer geradeaus, bis er leicht in eine Senke abfällt. Gegenüber sehen Sie den Fahrweg weiter zwischen Felsen hindurchlaufen. Sie wandern aber auf dem hier ansetzenden Pfad weiter, der an den Rand der Hochfläche führt. Steigen Sie hinunter zu einem Zaun und gehen Sie durch ein Gatter hindurch. Kurz danach macht der Weg einen Linksbogen und Sie folgen ihm weiter

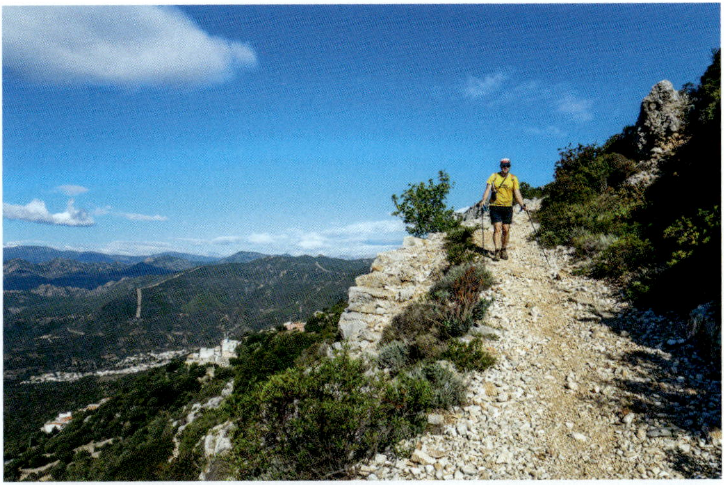

Ein wunderschöner Weg führt bergab in Richtung Santa Maria Navarrese

abwärts. Er wird bald breiter und Sie erreichen einen Pinienwald auf der rechten Seite. Der Weg bringt Sie hinunter zu einem Maschendrahtzaun und einer Wegverzweigung. Hier nehmen Sie den linken Weg, der an einem alten Steinbruch und Hirtenstallungen vorbei zur Fahrstraße bei der Senke Bacu 'e Muru führt. Auf der anderen Straßenseite steigen Sie auf der Asphaltstraße aufwärts. Diese geht in eine Schotterstraße über und bringt Sie zu einer Verzweigung, hier nehmen Sie die linke Straße bergauf. Kurz nach einer Rechtskurve sehen Sie auf der linken Seite ein Steinmännchen und einen kleinen roten Punkt auf einem Felsen. Hier beginnt der Gipfelanstieg auf den Monte Oro. Das kleine Steiglein zieht sich im Geröll durch die Macchia aufwärts. Sie kommen an eine kleine Felswand und wenig später an einen Felsdurchschlupf, durch den Sie hindurchgehen. Anschließend wandern Sie über Geröll und leichte Felsstufen bergauf bis zum Gipfel, der eine prächtige Aussicht auf das Meer bietet. Hier oben haben Sie sich eine Brotzeit verdient.

Am Anstiegsweg wandern Sie zurück zur Verzweigung der beiden Forstwege oberhalb der Senke Bacu 'e Muru. Nun nehmen Sie den linken Forstweg, der aussichtsreich am Hang entlangführt. Sie kommen an eine Wegverzweigung an einem Metalltor, entscheiden sich hier für den rechten Weg, der steil abfällt, und ignorieren sämtliche Abzweigungen. Sie bleiben stets auf dem Weg am Hang entlang, bis Sie an das Ende einer Teerstraße gelangen. Diese überqueren Sie und folgen gleich danach der Straße nach rechts abwärts. Sie bringt Sie teilweise recht steil hinunter nach Santa Maria Navarrese. Sie erreichen eine Querstraße, auf der Sie nach rechts abwärts zu einem Kreisverkehr gehen. Geradeaus spazieren Sie hinunter in den Ort und zur Wallfahrtskirche. Am Strand können Sie noch schön baden gehen.

☺ ✕ Ristorante Pizzeria Pisaneddu, Località Pisaneddu, 08040 Baunei,
☏ 00 39/07 82/61 06 04

Vom Monte Oro blicken Sie weit nach Süden

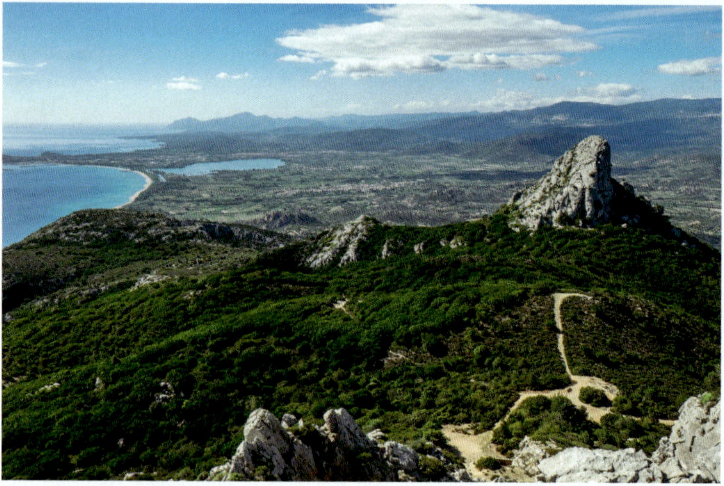

17 Zur Felsnadel Pedralonga

Tour für Genießer

Die Tour von Santa Maria Navarrese zur Pedralonga war unsere erste Wanderung auf Sardinien. Und sie bietet vieles von dem, was man auf der Insel erwartet: eine eindrucksvolle Felslandschaft, bunte Flora, eine traumhafte Wanderung über tiefblauem Meer und Badevergnügen der Extraklasse.

⇆ Start/Ziel: Parkplatz am Ostello Bellavista hoch über Santa Maria Navarrese, GPS N 39°59.669' E 009°41.610'

9,5 km

3 Std. 45 Min.

↑↓ 337 m/337 m

⇧ 9-150 m

vereinzelt rote Punkte und Steinmännchen, gut zu finden

Kleine Bar an der Pedralonga (km 4,7). Wer abends essen gehen möchte, dem empfehlen wir das Ristorante Pizzeria Il Pozzo.

Rastplätze an der Pedralonga (km 4,9)

Dorthin müssen Sie noch. Die Pedralonga.

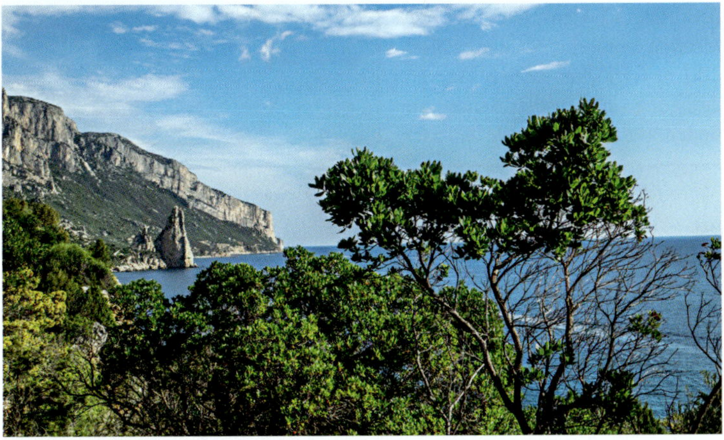

Bademöglichkeit an der Pedralonga (km 5)

Die gesamte Tour ist für Kinder ab 8 Jahren gut geeignet, nehmen Sie aber ausreichend Getränke mit. An der Felsnadel ist Baden mit den Kleinen ein Muss, ist man doch recht geschützt durch die Felsblöcke im Meer. Auch das Kraxeln über die Blöcke macht jede Menge Spaß.

Die Tour ist für größere Hunde gut geeignet. Denken Sie daran, Wasser mitzunehmen!

P großer Parkplatz am Ostello Bellavista

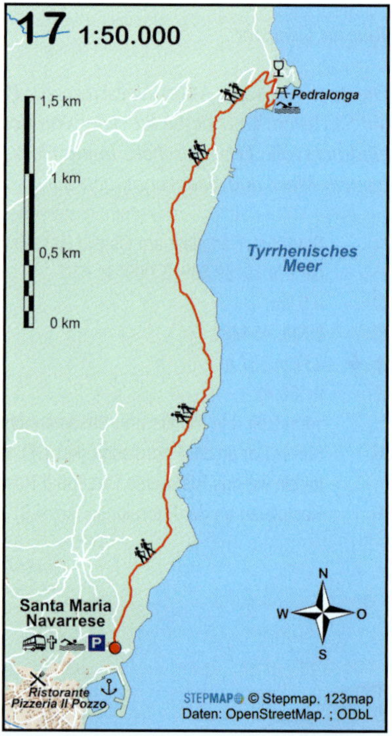

Vom P Parkplatz am Ostello (☞ Reise-Infos, Unterkünfte) gehen Sie über Stufen aufwärts zu einer Wegverzweigung. Sie ignorieren den nach rechts abwärts ziehenden Pfad, genauso den geradeaus nach oben führenden Weg. Sie wandern mit schönem Blick auf das Meer in nördliche Richtung. Nach 300 m folgt eine weitere Wegverzweigung mit einem Schild am Boden. Hier ignorieren Sie den nach

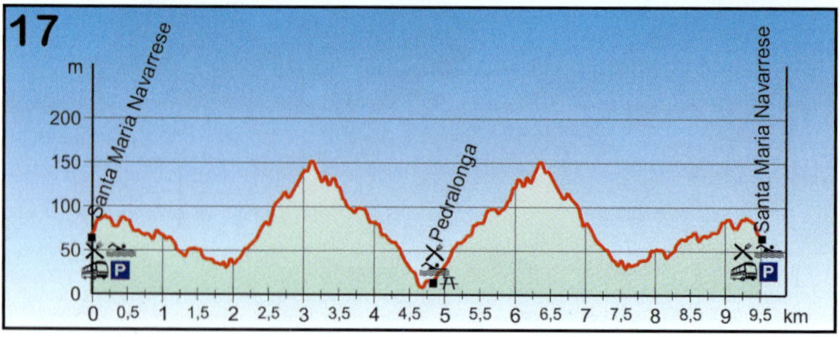

rechts abfallenden Pfad und bleiben stattdessen auf dem Hauptweg. Der Weg bringt Sie bald an eine trockene Schlucht. Auf der anderen Seite der Schlucht steigen Sie steil bergauf. Der Weg wird bald steiniger, kleine rote Punkte helfen Ihnen bei der Orientierung. Der deutliche Pfad führt die ganze Zeit sehr aussichtsreich auf die Felsnadel Pedralonga zu, die Sie schon seit Längerem sehen. Sie erreichen eine Straße, auf der Sie nach rechts zu einer kleinen Bar gehen. Ab hier folgen Sie dem breiten und betonierten Weg nach rechts zu ein paar Picknickplätzen im Wald. Über Felsstufen gelangen Sie zum Meer, das im Sommer unbedingt zum Baden einlädt. Sie befinden sich nun direkt unter der 130 m hohen Felsnadel Pedralonga, die direkt aus dem Meer aufragt. Auf den Felsen am Meer können Sie außerdem schön eine Pause machen.

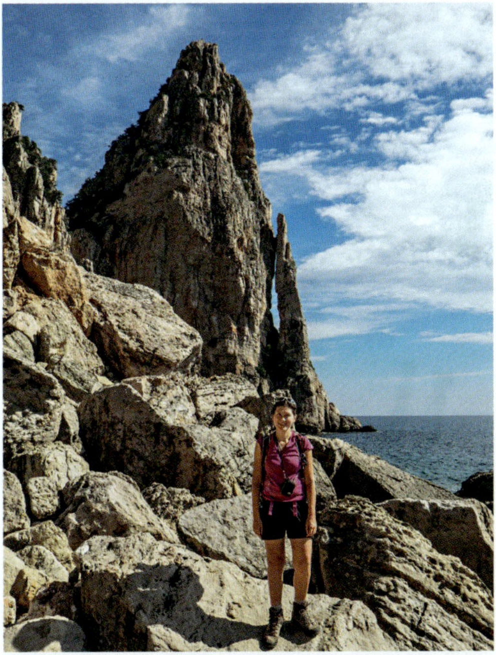

An der Pedralonga, einer eindrucksvollen Felsnadel im Meer

Zurück nach Santa Maria Navarrese zum P Parkplatz am Ostello geht es auf demselben Weg.

☺✕ Ristorante Pizzeria Il Pozzo, Viale Plammas, 08040 Santa Maria Navarrese, ☏ 00 39/07 82/61 50 39

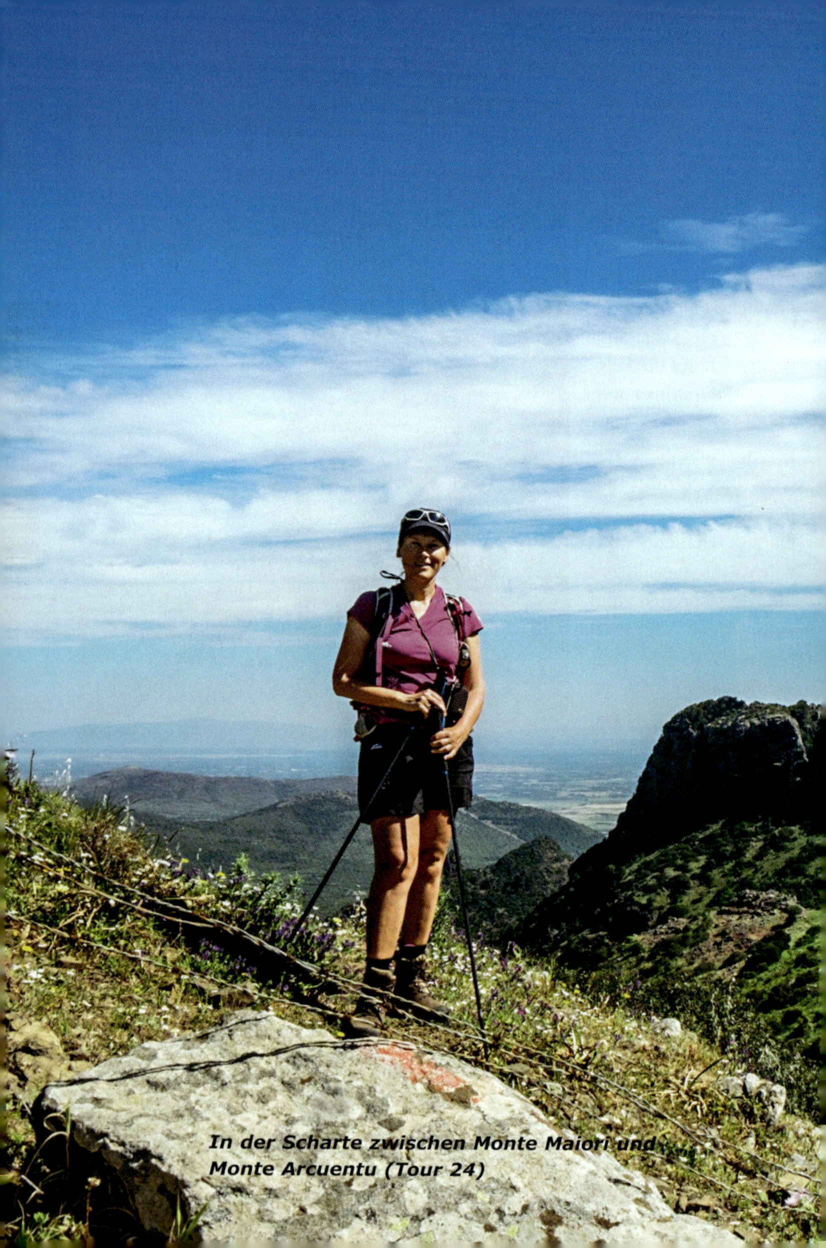

In der Scharte zwischen Monte Maiori und Monte Arcuentu (Tour 24)

Süden

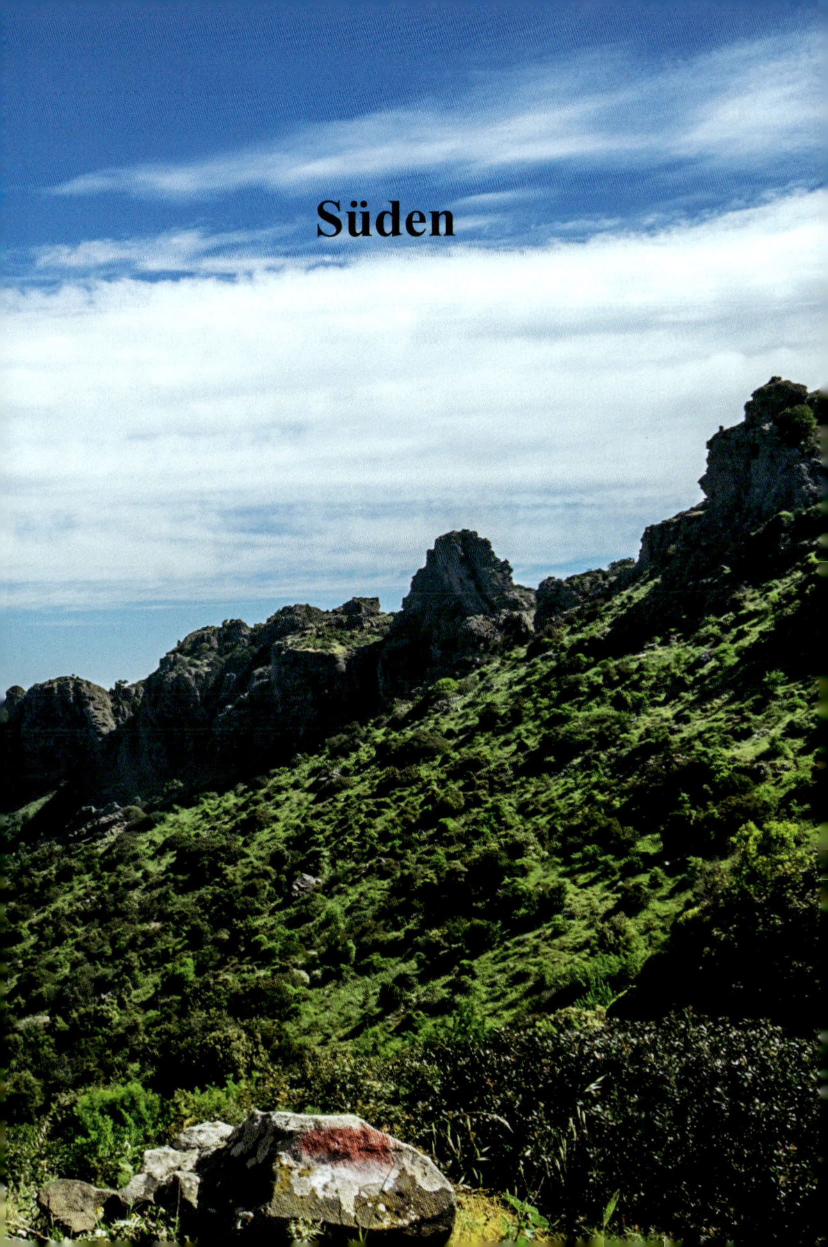

⑱ Entlang der Costa del Sud

Tour für Strandliebhaber

Die Costa del Sud zählt zu den schönsten Strandregionen Sardiniens, sie ist aber bei Weitem nicht so überlaufen wie die berühmtere Costa Smeralda. Nach der gemütlichen Strandwanderung besteigen Sie noch einen schönen Aussichtsgipfel, von dem Sie einen wunderbaren Blick auf Sardiniens Südküste genießen.

- Start/Ziel: Parkplatz hinter dem Stagno di Chia, GPS N 38°53.711' E 008°52.434'
- 10,6 km
- 3 Std. 30 Min.
- 166 m/166 m
- 0-174 m
- keine Markierung, nur kurzzeitig etwas undeutliche Wege, gut zu finden
- verschiedene Kioske an den Stränden
- keine Rastplätze unterwegs
- Bademöglichkeiten an verschiedenen Stränden (km 0,4, km 1,3, km 1,9 und km 4,7) sowie teilweise am Rückweg
- Eher einfache Tour, für Kinder ab 8 Jahren sehr gut geeignet, wenn die Länge für sie in Ordnung ist. Natürlich muss hier unbedingt genug Zeit zum Baden, Toben und Spielen eingeplant werden. Auch die Flamingos begeistern Kinder.
- Die Wege sind für Hunde eigentlich gut geeignet, allerdings sind sie an den Stränden nicht zugelassen.
- P Von der SS195 fahren Sie nach Chia und durch den Ort bis zum Stagno di Chia. Hier folgen Sie links den Schildern zu den ausgewiesenen Parkplätzen am Straßenrand.

Sie parken an den ausgewiesenen P Parkplätzen am Straßenrand hinter dem See, in dem Flamingos leben. Auf der Straße gehen Sie zum nahen Steg, der zum Strand führt. Von hier bietet sich ein schöner Blick zum Torre Chia.

Torre de Chia

Der Torre de Chia ist das Wahrzeichen des Badeortes Chia. Der Wachturm stammt aus dem 17. Jahrhundert, der Zeit der spanischen Herrschaft. Er kann vom Ort in wenigen Minuten erreicht werden.

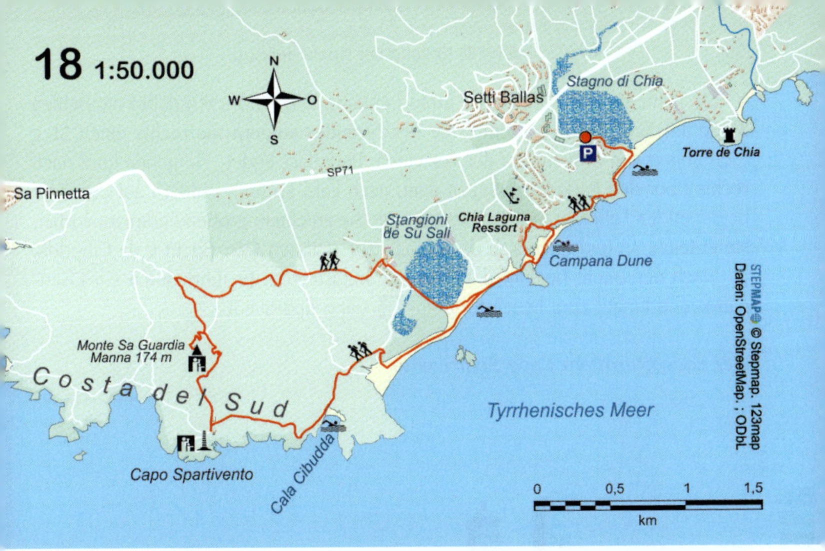

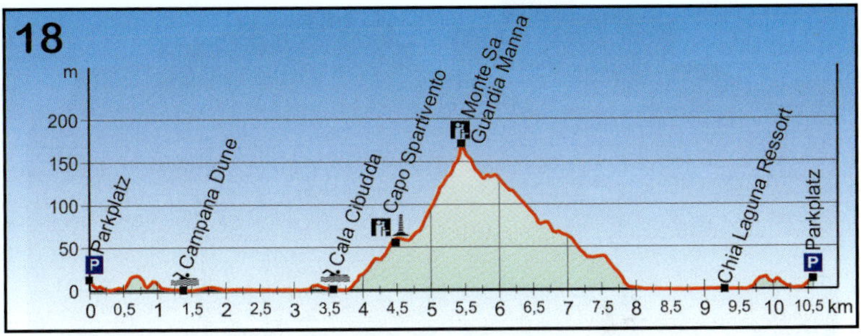

Sie spazieren nach rechts über den gesamten Strand. An seinem Ende beginnt ein schmaler Pfad, der Sie über die folgende Landzunge bringt. Sie genießen einen schönen Blick über die Küste und wandern bergab zu einer weiteren kleinen Bucht. Nach der Bucht folgen Sie dem breiten Weg, der an einem Holzzaun entlangführt. Wenig später kommen Sie an einen Steg und eine Weggabelung. Hier biegen Sie nach links ab und erreichen in wenigen Minuten den Strand Campana Dune.

Sie wandern nun nach rechts über den gesamten Strand, bis Sie zu einer Felsinsel kommen. Durch eine Einsenkung gelangen Sie zum nächsten Strand. Dieser deutlich größere Sandstrand ist vor allem bei Surfern sehr beliebt.

Sie flanieren den kompletten Strand entlang und ignorieren dabei die beiden Stege am See. Kurz vor dem Ende des Strandes steuern Sie rechts einen Steg (den ersten von zweien) an, der vor einem Parkplatz endet. Sie gehen kurz nach rechts über den Parkplatz, biegen dann nach links ab und wandern auf dem hier beginnenden Fahrweg weiter. Dieser bringt Sie an einem großen Parkplatz vorbei, steigt leicht an und zieht sich dann hinab zur schönen Bucht Cala Cibudda.

Nach der Bucht beginnt der Fahrweg anzusteigen. Er führt durch ein Eisengatter und hinauf zum Leuchtturm am Capo Spartivento.

Der Leuchtturm am Capo Spartivento

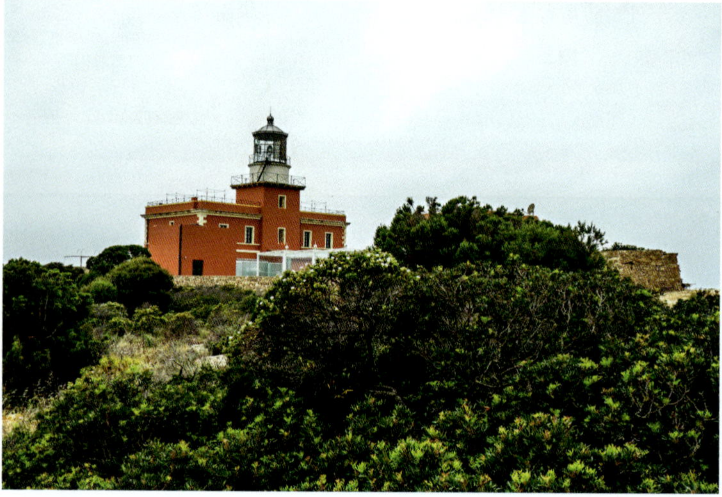

Nach dem roten Gebäude biegen Sie nach rechts ab. Der breite Weg wird bald schmaler und führt in Richtung des Gipfels des Monte Sa Guardia Manna. Am Fuße des Berges erreicht der gut ausgebaute Steig in einem Bogen einen Sattel. Nach links steigen Sie ohne größere Probleme auf den aussichtsreichen Gipfel, wo Sie einen schönen Ausblick auf das Meer und vor allem die Bucht von Porto Teulada haben. Sie können sich auf die Treppen des alten Gebäudes setzen und Ihre Brotzeit genießen.

Für den Abstieg wandern Sie zurück zum Sattel. Nun entscheiden Sie sich für den linken Steig, der Sie in einem Bogen bergab zu einem Fahrweg bringt. Auf

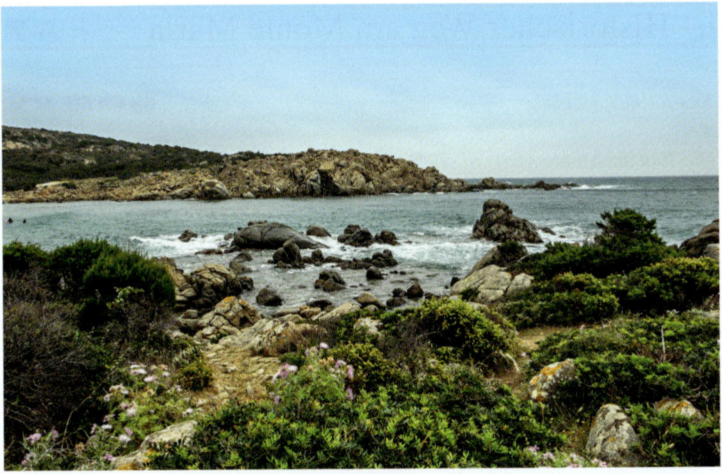

Immer wieder wandern Sie an schönen Buchten vorbei

diesen biegen Sie nach rechts ab und folgen ihm bis zu ein paar Häusern. Sie kommen an eine Straße und gehen auf dieser nach rechts bis zum Strand, den Sie bereits vom Hinweg kennen. Am Strand biegen Sie nach links ab und spazieren auf ihm bis zu seinem Ende. Hier überqueren Sie wieder die Landzunge, wandern aber vor den Liegestühlen über den Steg zum Chia Laguna Ressort.

Sie gehen durch die Anlage nach rechts zum Parkplatz und folgen dem rechts abzweigenden Weg. Dieser bringt Sie zu der Wegverzweigung auf dem Steg vor dem Strand Campana Dune. Auf dem bereits bekannten Weg wandern Sie zurück zum Ausgangspunkt.

⑲ Historischer Weg am Monte Maria

Tour für Kulturliebhaber

Die Tour am Monte Maria ist noch relativ unbekannt. Eine große Informationstafel am Pass zwischen Teulada und Domus de Maria weist auf den Weg hin. Der Weg führt vorbei an schönen Felsen zu Nuraghen und verfallenen Köhlerhütten.

- Start/Ziel: an der Passhöhe zwischen Domus de Maria und Teulada, GPS N 38°56.702' E 008°48.597'
- 5,1 km
- 2 Std.
- 235 m/235 m
- 185-401 m
- guter, leicht zu erkennender Weg
- keine Einkehrmöglichkeit
- Bank an einer Wegteilung (km 0,4)
- Es handelt sich um eine eher einfache Tour, die für Kinder ab 8 Jahren sehr gut geeignet ist. Die Nuraghen, die Höhlen und die Köhlerhütte wollen alle von den Kleinen erkundet werden. Hier lassen sich ganze Abenteuergeschichten erleben.
- Die Tour ist für Hunde gut geeignet.
- P: Biegen Sie von der SS195 nach Chia vor dem Ort nach rechts in Richtung Domus de Maria ab und fahren Sie weiter in Richtung Teulada bis zur Passhöhe mit kleinem Parkplatz.

Vom **P** Parkplatz an der Passstraße gehen Sie durch das Gatter und wandern auf dem breiten Weg. An einer Wegteilung nehmen Sie den linken Weg, der Sie zu einer Freifläche mit einer Bank auf der linken Seite bringt. Ein liegendes Holzschild schickt Sie auf einen nach rechts abzweigenden Weg. Der breite Weg wird nun zum Pfad und führt auf die schönen Felsen zu. Bald sehen Sie ein Schild, das Ihnen nach links den Weg zur ⌘ Nuraghe Peldas Biancas weist.

Nach der Besichtigung der Nuraghe gehen Sie wieder zum Hauptweg zurück und lassen sich wenig später von einem Schild nach links zur Höhle Roccia dei Cacciatori leiten. Der Weg zieht sich geradeaus weiter zu einer Wegverzweigung. Geradeaus erreichen Sie die ⌘ Nuraghe Monte Maria.

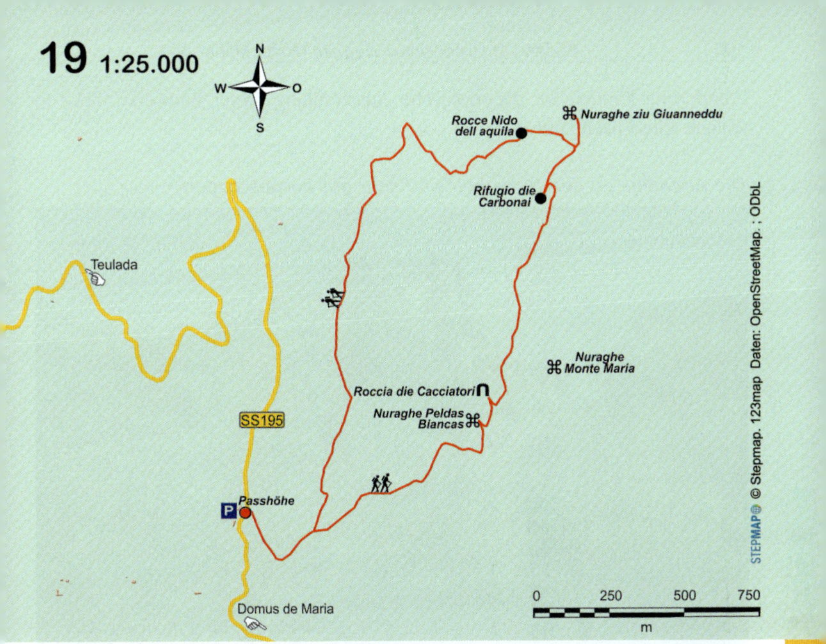

Nuraghen am Monte de Maria
1830 besuchte der General Alberto Lamarmora diesen Ort, um die Nuraghen zu sehen. Gerade die Nuraghe „Su Casteddu de Monte Maria“ war bekannt aus lokalen Liedern. Er war völlig überrascht, als er in 470 m Höhe über dem Tal von Malfatano Capo Teulada ein regelrechtes Kastell vorfand. Heute ist diese Nuraghe eher schwer zugänglich. Sie ist Teil eines Netzwerkes aus vier Nuraghen, die in Sichtweite angeordnet sind. Auf dieser

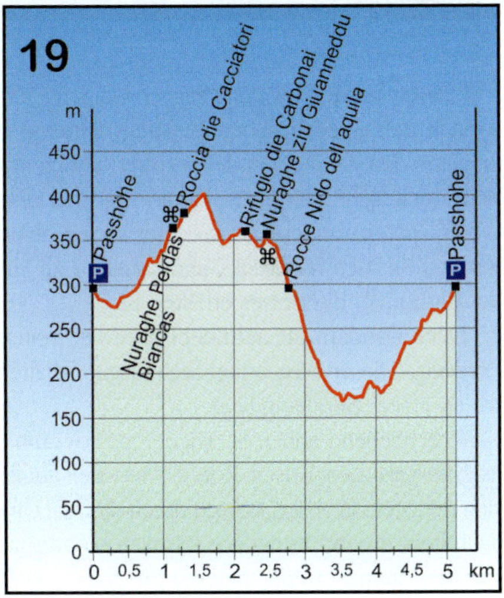

Wanderung können Sie die mystische Ausstrahlung dieser Bauwerke meist in völliger Einsamkeit spüren.

Die Abzweige zu den Nuraghen sind sehr gut ausgeschildert

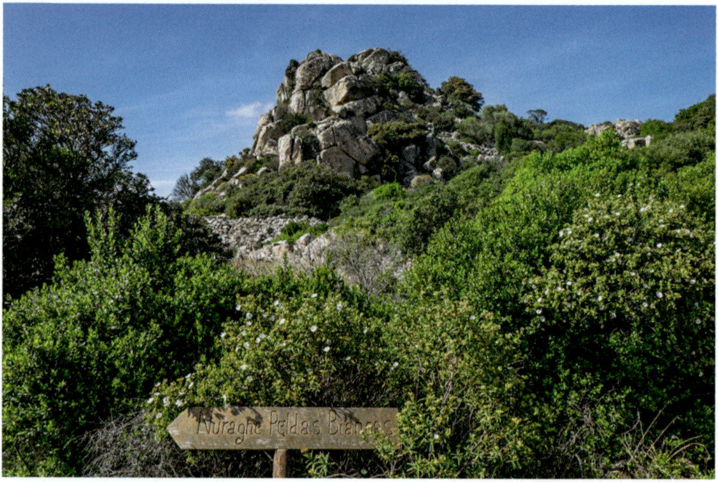

Wieder zurück an der Wegverzweigung führt Sie ein Wegweiser nach links (gemäß der ursprünglichen Aufstiegsrichtung). Der Weg leitet Sie bald bergab, taucht in den Wald ein und führt über schöne moosbewachsene Felsen. Nach dem Waldstück geht es wieder in die Macchia und der Weg passiert eine Quelle. Wenig später wandern Sie an einer alten Köhlerhütte vorbei. An einem Abzweig wenden Sie sich nach links und kommen zu einer weiteren Köhlerhütte (Rifugio dei Carbonai), die besser erhalten ist.

Dann wandern Sie auf dem Hauptweg weiter und kommen zu einem weiteren Abzweig. Dieser Weg bringt Sie zur gut erhaltenen ⌘ Nuraghe ziu Giuanneddu, die an einem Berghang liegt.

Anschließend gehen Sie wieder zurück zum Hauptweg und folgen dem Rundweg bergab zum Felsen Rocce Nido dell'aquila. Im weiteren Verlauf schlängelt sich der Steig in vielen Kehren durch die Macchia bergab. Im Wald knickt der Weg nach links ab und bringt Sie ziemlich schattig zurück in Richtung des Ausgangspunktes. Immer wieder müssen Sie dabei ein Bachbett durchqueren, bevor der

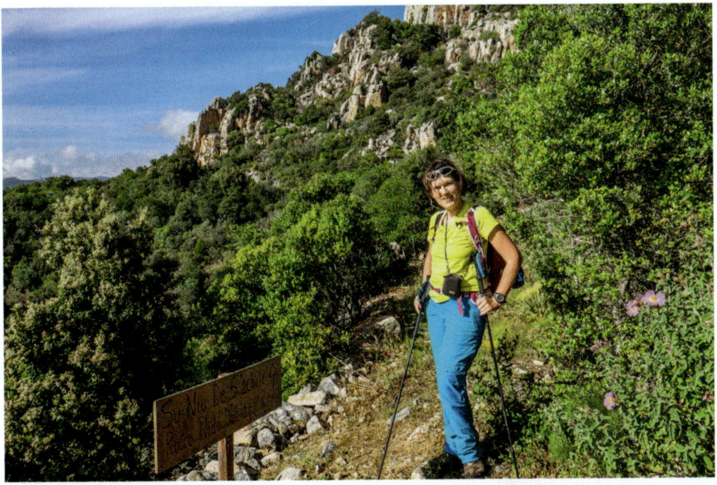

Am Felsen Rocce Nido dell'aquila

Weg zum Schluss bergauf zu der Verzweigung mit der Bank führt. Auf dem bereits bekannten Weg wandern Sie zurück zum **P** Parkplatz am Pass.

Teulada

Nach der Tour sollten Sie Teulada noch einen Besuch abstatten. Der Ort wurde etwas von der Küste entfernt im Landesinneren erbaut. Dies geschah zum Schutz vor drohenden Piratenangriffen. Die kleine Stadt mit ihren verwinkelten Gassen liegt in der Senke des Riu de Monti. Die zentrale Piazza Fontana lädt zum Verweilen und Kaffeetrinken ein.

Teulada erreichen Sie vom Ausgangspunkt Ihrer Wanderung auf der SS195. Sie fahren dabei durch wunderbare Orangenhaine und Olivenplantagen.

⑳ Im WWF-Naturpark am Monte Arcosu

Tour für Naturliebhaber

In der Nähe von Capoterra befindet sich der WWF-Naturpark in der Bergregion des Monte Arcosu. Er wurde 1985 eingerichtet, um dem seltenen sardischen Hirsch einen sicheren Lebensraum zu bieten. Die Tour führt durch einen kleinen Teil des Gebiets. Es handelt sich um eine leichte Wanderung, auf der die reiche Fauna und Flora begeistert.

Start/Ziel: am Eingang des Naturparks, GPS N 39°11.710' E 008°54.587'
4,9 km
2 Std.
222 m/222 m
102-324 m
gute Markierungen
Kiosk am Eingang des Naturparks
Rastplätze am Eingang des Naturparks und bei Sa Rocca Lada (km 2,6)
Die Tour ist einfach und für Kinder sehr gut geeignet. Das Hirschgehege begeistert junge Wanderer. Der Weg führt über Bäche, an denen man wunderbar spielen kann, und über Felsen, die zum Kraxeln einladen.
Hunde dürfen den Park leider nicht betreten.
Folgen Sie von Capoterra den Hinweisen zur Kapelle Santa Lucia und Oasi WWF. Von der Kapelle sind es noch 3 km auf schmaler Straße bis zum Parkplatz des Naturparks.
Der Park ist ganzjährig nur Samstag und Sonntag geöffnet.
www.wwf.it/oasi/sardegna/monte_arcosu/monte_arcosu__english_version_.cfm, Eintritt € 6, Kinder bis 14 Jahre € 4
Capoterra liegt nicht weit von Cagliari entfernt. Die engen Gassen der Inselhauptstadt lohnen einen Besuch.

Sie bezahlen den Eintritt und gehen rechts am Informationshäuschen vorbei in den Park. Gleich nach dem Eingang überqueren Sie auf einer Brücke den Bach und wandern auf einem breiten Weg zu einem Gebäude. Vor diesem führt der Weg nach rechts bergauf. Hier folgen Sie den Schildern Sentiere N1 und A5. Der Weg bringt Sie zu einem Felsen hoch über der Bachschlucht. Direkt über sich sehen Sie die schönen Felsen des Arcosu-Naturparks.

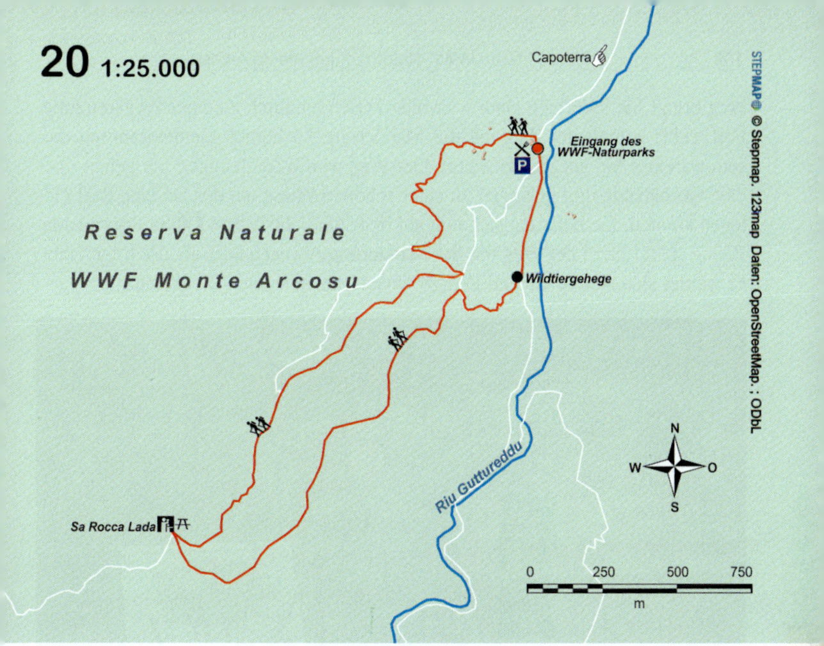

Nun geht es hinunter zu einem Bach, den Sie sogleich überqueren – bei viel Wasser kann dies durchaus spannend sein. Sie wandern nun auf der linken Seite des Baches bis zu einer Wegtafel. Während die Markierung A5 geradeaus am Bach entlang weiterzieht, nehmen Sie den nach links abzweigenden Weg, der Sie steil durch schönen Wald bergauf bringt. Sie kommen an eine Wegkreuzung und lassen sich von dem Wegweiser nach rechts schicken. Auf schönem Höhenweg wandern Sie hoch über dem Tal tiefer in den Naturpark hinein. Der

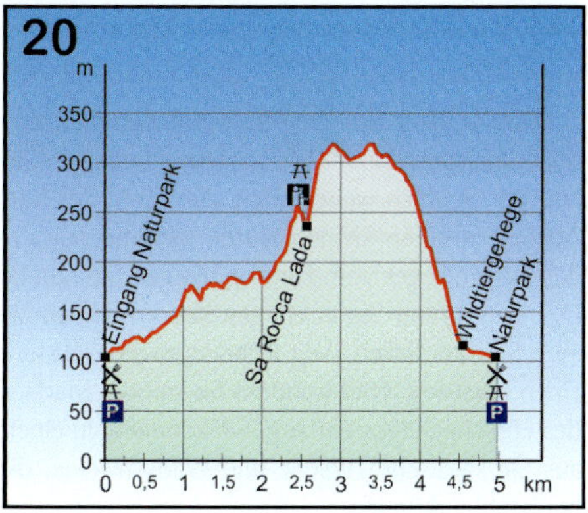

Weg bringt Sie unterhalb eindrucksvoller Felsen hindurch zu einer Wegkreuzung. Von rechts kommt der Weg mit der Markierung A5 herauf. Gemeinsam mit diesem wandern Sie geradeaus weiter. Der Weg wird bald steiniger, Sie gehen über eine Geröllhalde und gelangen zu einer schönen Wiese, an der Sie eine Rast einlegen können. Sie befinden sich nun auf dem Aussichtsbalkon Sa Rocca Lada. Wenig später biegt der Weg mit der Markierung A4 nach links ab, Sie folgen ihm. Er windet sich steil in einigen Kehren hinauf zum schmalen Bergkamm.

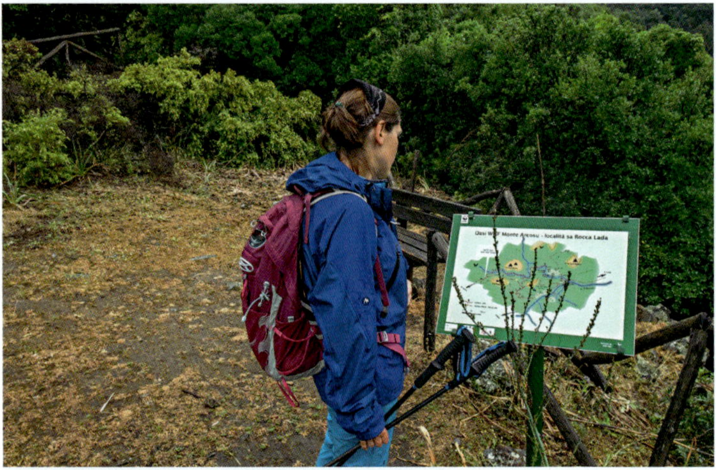

Immer wieder finden Sie Übersichtskarten zum Park

Nun verläuft der Weg teilweise zwischen den Büschen, teilweise aussichtsreich über den Kamm. Zwischendurch steigen Sie über die Geröllhalde von vorhin, nur deutlich weiter oben. Am Ende des Kammes folgt ein steiler, steiniger Abstieg in einen kleinen Sattel. Sie sind nun etwas oberhalb der Abzweigung des Höhenweges vom Hinweg. Folgen Sie nun der Markierung A5 nach rechts. Der Weg bringt Sie in einigen Kehren bergab. An einer Wegverzweigung nehmen Sie den linken Weg (Markierungen SN1 und A5) und gehen bis kurz vor einen Forstweg. Hier wandern Sie mit der Markierung SN3 weiter links am Zaun des Hirschgeheges entlang. Sie kommen zu einem kleinen Unterstand, von dem aus Sie sardische Hirsche und Wildschweine, die innerhalb des Gatters leben, beobachten können.

Direkt danach treffen Sie auf den breiten Forstweg, der Sie zum Ausgang und zum **P** Parkplatz des Naturparks bringt.

Reserva Naturale WWF Monte Arcosu

Bereits seit längerer Zeit ist das Gebiet Monte Arcosu–Monte Lattias ein privates Wildreservat, das als Rückzugsgebiet des sardischen Hirsches diente. Die Zahl der Hirsche reduzierte sich drastisch durch die starke Zunahme von Wilderei. Um dieser Entwicklung Einhalt zu gebieten, kaufte der WWF 1984 das Gelände. Tägliche Kontrollen haben die Wilderei stark eingedämmt.

Das Tal von Gutturu Mannu teilt das Gebirgssystem als Furche praktisch in zwei Hälften, dort verläuft die Straße. Der Monte Arcosu ist der höchste Gipfel im Sulcis-Massiv. Zahlreiche Tiere finden sich hier: der seltene sardische Hirsch, Damwild und Eber. Auch ein paar Raubtiere jagen hier frei: Wiesel, Marder, die sardische Wildkatze und der Fuchs. Wanderfalken, Habicht und Adler kann man mit etwas Glück ebenfalls beobachten.

Willkommenskommando am Parkeingang

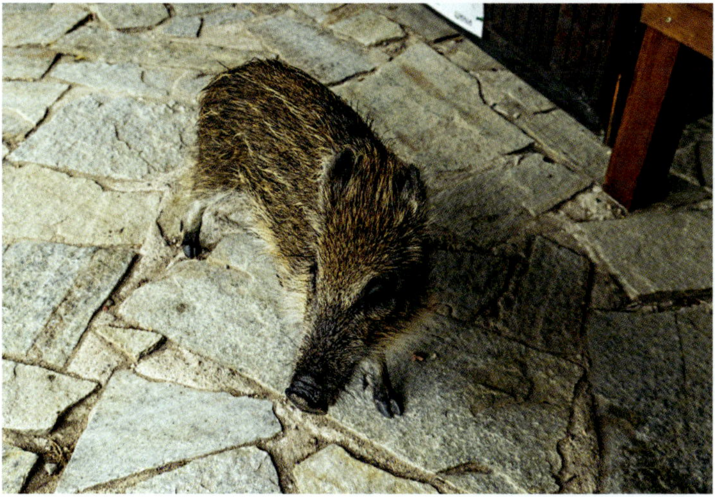

㉑ Küstenwanderung an der Cala Domestica

Tour für Meeresblicker

Die Cala Domestica zählt zu den schönsten Stränden an der Westküste. Eine grandiose Wanderung mit traumhaften Blicken auf das Meer beginnt an diesem Strand. Den Abschluss bildet der Abstecher zum Torre Domestica mit tollem Tiefblick auf die Bucht.

- Start/Ziel: Parkplatz an der Cala Domestica, GPS N 39°22.335' E 008°22.935'
- 5,9 km
- 2 Std. 15 Min.
- 120 m/120 m
- 9-122 m
- rot-weiße Markierungen
- Strandbar an der Cala Domestica
- keine Rastplätze unterwegs
- Baden an der Cala Domestica am Start/Ziel
- Die Tour ist leicht und daher für Kinder ab 8 Jahren geeignet. Unbedingt Baden und Toben am Strand einplanen!
- Einfache Wege an der Küste, für Hunde sehr gut geeignet. Leinen Sie sie am Strand aber an.
- P Parkplatz an der Cala Domestica. Von Fluminimaggiore geht es nach Buggeru und weiter in Richtung Nebida, bis nach rechts eine schmale Straße zur Cala Domestica abzweigt.
- In der Nähe von Fluminimaggiore liegen die Grotte Su Mannau und der Tempel von Antas.

Sie gehen vom P Parkplatz zum nahen Strand. Hier wandern Sie auf dem Steg nach links an der Bar vorbei zum Wegweiser. Sie biegen nach links ab und spazieren über die Sanddünen zu einem weiteren Schild. Nun führt Sie der Weg geradeaus weiter auf dem ehemaligen Bahndamm bis zu einer alten Brücke. Hier steigen Sie steil nach links ab und gehen unter der Brücke hindurch. Der breite Weg führt Sie in einen Sattel mit schönem Blick auf das Meer. Im Sattel steht ein Wegweiser. Sie folgen den Markierungen nach links bergauf, der Steig ist ab hier deutlich schmaler. Oben flacht das Gelände ab, Sie wandern immer nahe der

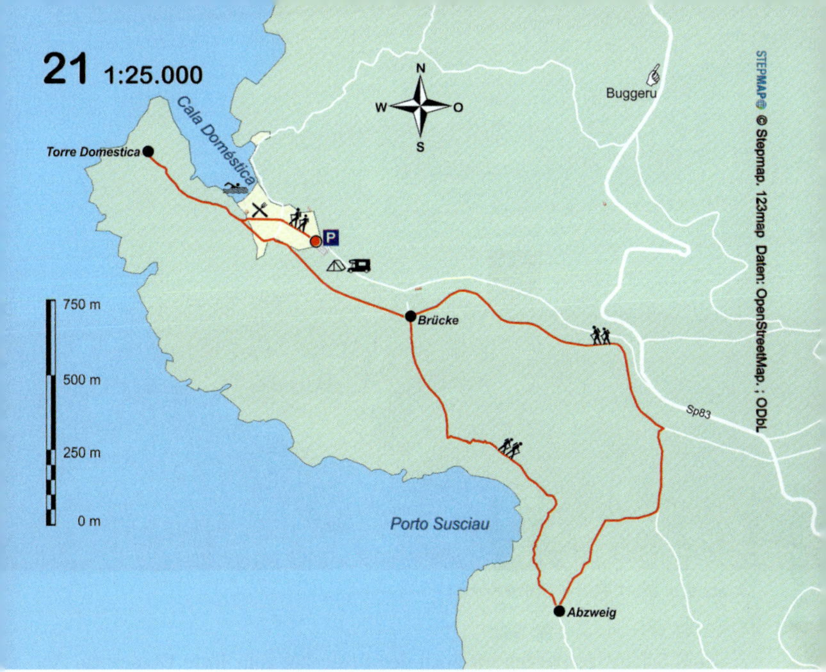

Abbruchkante mit schönen Blicken zum Meer bis zu einer Informationstafel. Hier finden Sie einen schönen Platz, um sich einmal hinzusetzen und die Natur zu genießen. Sie gehen auf dem

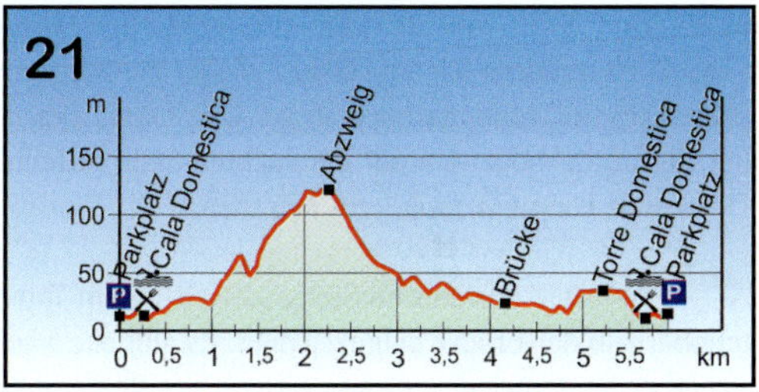

Weg noch kurz bis zu einem weiteren Wegweiser, dann biegen Sie nach links in Richtung Strada Provinciale ab. Der Weg führt Sie durch ein schönes Tälchen bis zu einem Zaun. Sie öffnen ihn (bitte danach wieder schließen!), gehen hindurch und biegen gleich wieder nach links ab. Auf dem breiten Weg wandern Sie bis zum Bahndamm. Eine Leiter auf der linken Seite hilft Ihnen dort über den Zaun. Sie folgen nun dem Bahndamm bis zur Brücke und geradeaus weiter bis zum Strand der Cala Domestica.

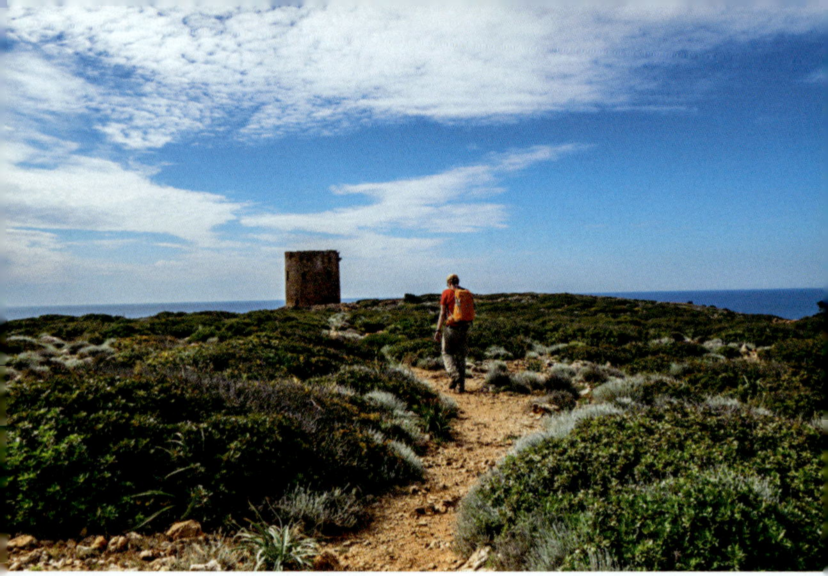

Kurz vor dem Torre Domestica

Zum Schluss empfehlen wir noch den Abstecher zum Torre Domestica. Am Wegweiser wandern Sie gleich nach links und steigen auf einem steinigen Pfad hinauf zum Turm, von dem Sie eine großartige Aussicht auf die Bucht haben. Schließlich wandern Sie am Hinweg wieder zurück zum Strand und zum P Parkplatz. Wer will, kann natürlich an der Cala Domestica noch baden. Ein schöner Strand befindet sich auf der rechten Seite in Richtung Buggeru. Vom Torre Domestica konnte man ihn gut einsehen.

Auf alten Karten sind Steige zwischen dem Torre Domestica und dem Sattel oberhalb der Brücke eingezeichnet. Es gibt alte Markierungen, diese verlaufen sich aber immer wieder, sodass wir von der Route abraten.

Grotte Su Mannau

Die Grotte befindet sich 5 km südlich von Fluminimaggiore. Der Abstecher dorthin lohnt sich nach der kurzen Wanderung. Die Führung durch die Grotte dauert 1 Std. Dabei begeht man nur einen Teil des Höhlenlabyrinths.

⌘ ☏ 00 39/07 81/58 04 11, sumannau@tiscali.it, www.sumannau.it, im Sommer ab 9:30 geöffnet, Eintritt € 10, Kinder € 6

Tempel von Antas

Südlich von Fluminimaggiore können Sie außerdem die Überreste eines gewaltigen römisch-punischen Tempels besichtigen. Der Tempel wurde 500 v. Chr. von den Puniern in der Nähe einer nuraghischen Kultstätte errichtet. Um 200 n. Chr. wurde der Tempel von den Römern abgerissen und neu errichtet. Heute sind noch das Fundamente, Reste der Grundmauern und sechs Säulen zu besichtigen.

⌘ im Sommer ab 9:30

Der Tempio di Antas im Südwesten Sardiniens

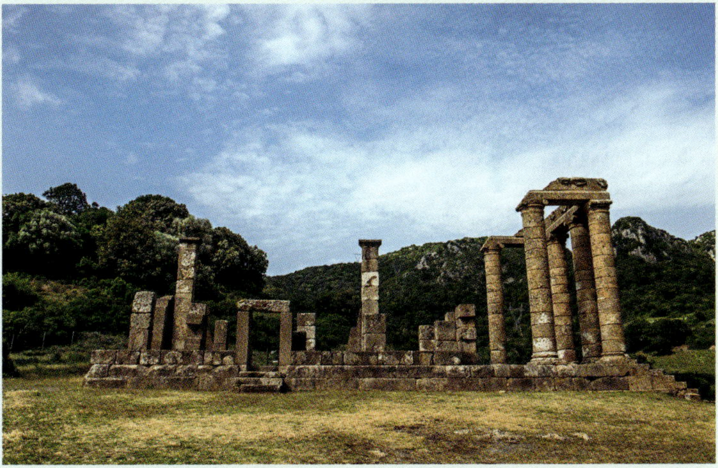

22 Von Scivu nach Pécora

Tour für Entdecker

Scivu ist ein wunderschöner Sandstrand an der Costa Verde, der vor allem bei Einheimischen sehr beliebt ist. Die Wanderung führt hinunter zum Strand und dann oberhalb der Küste bis nach Capo Pécora. Die Strecke ist ein Tipp von Stefano, unserem Gastgeber im Agriturismo Rocce Bianche (☞ Reise-Infos, Unterkünfte).

- Start/Ziel: Parkplatz am Strand Scivu, GPS N 39°29.635' E 008°24.816'
- 14,7 km
- 5 Std.
- 427 m/427 m
- 5-196 m
- keine Markierungen, nur vereinzelt Steinmännchen
- keine Einkehrmöglichkeiten
- keine Rastplätze unterwegs
- Am Ausgangspunkt kann man am Strand Scivu schön baden.
- Die Tour ist eine der längsten Wanderungen in diesem Buch und nur für größere Kinder (mindestens 14 Jahre) mit guter Kondition geeignet. Am Weg zum Grat und darüber sind die jungen Pfadfinder unentbehrlich, sie werden einen großen Spaß an der Wegsuche haben und vielleicht kleine Schätze am Wegesrand entdecken.
- Die Wanderung ist für Hunde geeignet, allerdings müssen Sie unbedingt Wasser mitnehmen. In der Nähe des Bauernhofes sollten Sie den Hund anleinen.
- P Von Arbus fahren Sie 11 km Richtung Fluminimaggiore, dann biegen Sie in Richtung Scivu ab. Nach 13 km biegen Sie nach links ab und fahren weiter zum Parkplatz am Strand Scivu.

An der südwestlichen Ecke des P Parkplatzes bei Scivu folgen Sie den breiten Sandspuren durch die Macchia. Ohne größere Herausforderungen führt die Spur oberhalb des Strandes entlang. Bei Wegverzweigungen halten Sie sich eher rechts. Schließlich bringt Sie der Pfad nach rechts bergab in Richtung von ein paar Felsen und im Rechtsbogen hinunter zum Strand, den Sie bei großen, runden Steinen erreichen. Nun wandern Sie entlang des Strandes bis zu einer deutlichen Felsnase. An dieser gehen Sie rechts vorbei zum Ende des Strandes.

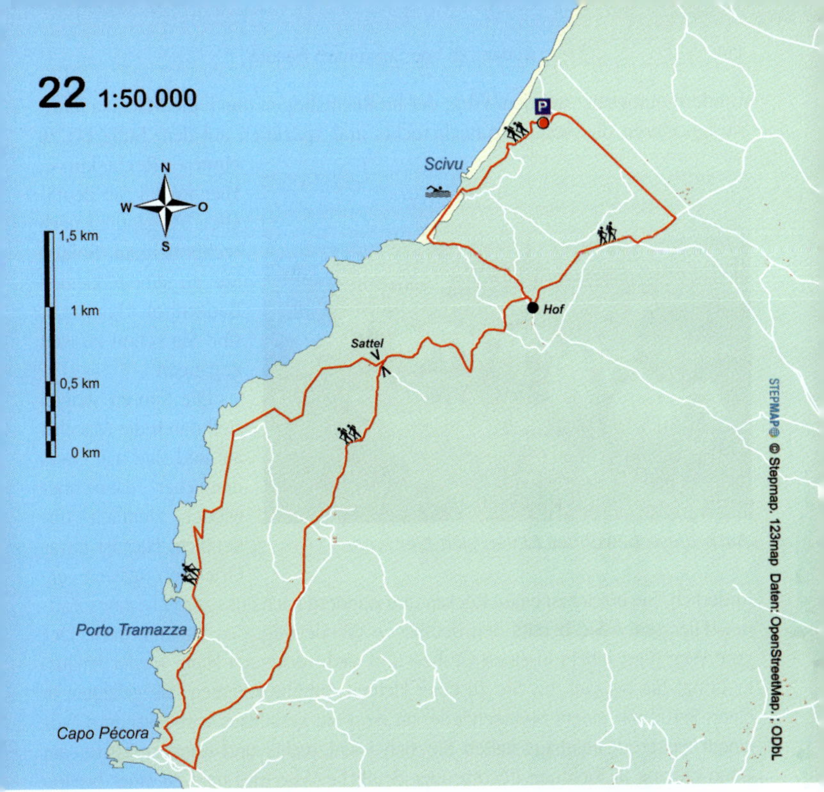

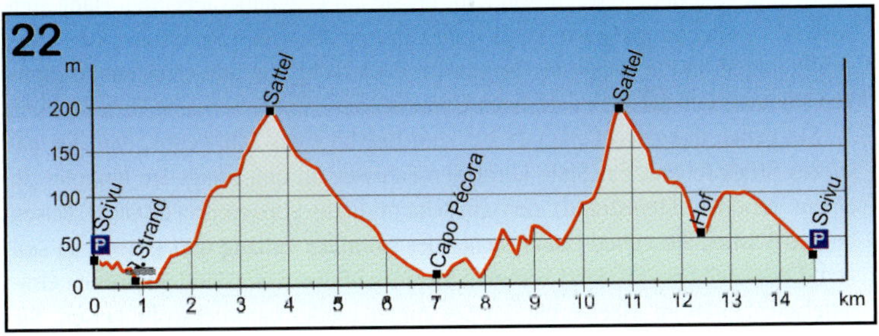

Hier sehen Sie links ein WWF-Schild. Sie steuern das Schild an und kommen an einen deutlichen Steig. Ein Steinmann zeigt Ihnen, dass Sie richtig sind. Sie wandern nun weiter auf dem Weg, der im Rechtsbogen durch die Macchia führt. Sie ignorieren die Abzweige nach rechts und spazieren auf dem Steig bis zu einer Rechtskurve. Hier folgen Sie deutlichen Steigspuren nach rechts bergauf. Sollten Sie zu einem kleinen Bauernhof kommen, sind Sie schon zu weit gegangen.

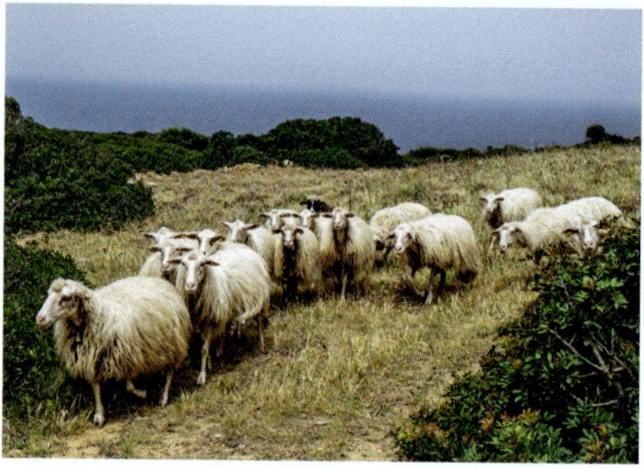

Auch diese Bewohner fühlen sich hier wohl

Die Spuren steigen steil durch die Macchia auf und sind mal etwas deutlicher, dann aber wieder ziemlich undeutlich. Hier ist etwas Orientierungssinn erforderlich. Sie erreichen einen Rücken und wandern nach links zur Ecke eines Zaunes. Hier sehen Sie bereits den deutlichen Wanderweg, den Sie ansteuern. Der gute Weg führt hinein in einen Graben und nach rechts am Hang wieder hinaus. Er bringt Sie bergauf, bis Sie zu einer kleinen Anhöhe kommen. Sie gelangen in einen Sattel mit einem Steingebäude, an dem Sie geradeaus vorbeiwandern. Vor einem weiteren Steinhaus halten Sie sich leicht rechts und wandern später am Zaun entlang in Richtung Pécora. Der deutliche Weg wird bald zu einer breiten Sandstraße, auf der Sie weiterwandern, bis sie am gegenüberliegenden Hang steil ansteigt. Vorher biegen nach rechts breite Spuren ab, denen Sie bis zu einer Teerstraße folgen. In die Teerstraße biegen Sie nach rechts ein und erreichen in wenigen Minuten den P Parkplatz beim Capo Pécora.

Sie gehen über den Parkplatz bis zum Beginn eines Fahrweges, dem Sie ein kurzes Stück folgen. Ein Steig kürzt den Fahrweg ab und bringt Sie hinunter zu einem schönen Steinstrand, der an seinem Ende von eindrucksvollen Felsen begrenzt wird. Sie gehen etwas rechts des Strandes entlang und steigen an seinem Ende steil bergauf. Jetzt kommen Sie zu schönen, vom Wind geformten Granitfelsen. Unten im Meer erblicken Sie immer wieder eindrucksvolle Felsen. Sie wandern auf dem Steig durch die Felsen bis zu einer Steinmauer. Kurz danach zweigen Steigspuren nach rechts ab. Ein Steinmann markiert die Stelle. Obwohl auch Steigspuren nach links abzweigen, folgen Sie den rechten. Der Steig ist mit

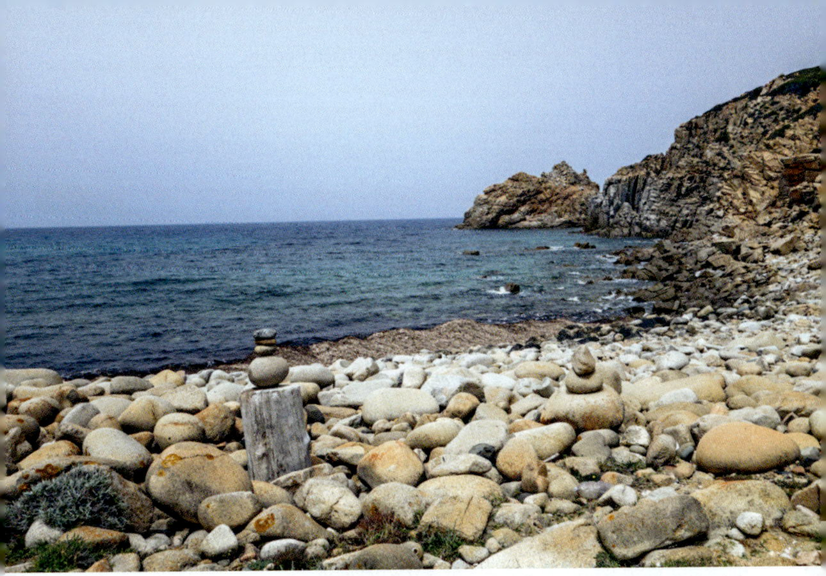

Die erste Bucht nach Pécora ist ziemlich steinig

kleinen Steinmännchen markiert und führt Sie durch die eindrucksvollen Granitfelsen. An einem großen Felsen lassen Sie sich von den Spuren nach rechts hinauf zu einer Wiese leiten. Hier treffen Sie auf einen Querweg, in den Sie nach links einbiegen. Der Weg leitet Sie durch die Macchia, bis zu einem größeren Steinmann an einer unscheinbaren Wegteilung. Hier biegen Sie vom deutlicheren Hauptweg nach links ab und wandern entlang der Steinmännchen und Wegspuren weiter. Sie erreichen einen aussichtsreichen Grat direkt über dem Meer. Hier werden die Steinmännchen leider spärlicher und das Gelände felsiger. Dadurch lassen Sie sich aber nicht verwirren und steigen einfach geradeaus bergauf. Ein Steinmann auf einem größeren Stein zeigt Ihnen, dass Sie richtig sind. Sie wandern weiter über den Grat bis zu einem verfallenen Steinturm. Hier biegen Sie nach rechts ab, ignorieren dabei die weiterführenden Steinmännchen und wandern auf schmalem Pfad durch die Macchia zum vom Aufstieg bekannten Weg, zu dem Sie unweit des Sattels bei dem Steingebäude gelangen. Auf dem bekannten, deutlichen Weg wandern Sie zurück bis zur Ecke des Zaunes. Hier gilt es darauf zu achten, den richtigen Abstiegsweg zum Wanderweg, der vom Strand heraufführt, zu nehmen. Sie halten sich dabei eher links. Sobald Sie auf dem Weg sind, gehen Sie nach rechts zu dem Gebäude.

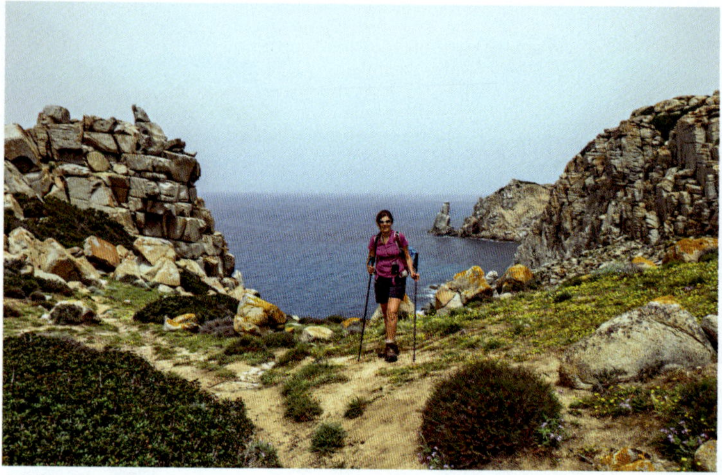

Blick auf eine wunderbare Bucht am Rückweg

Hier sollten Sie Ihren Hund unbedingt anleinen, am Hof gibt es bellende Hunde.

Direkt nach dem Haus zweigt nach links ein breiter Weg ab, dem Sie ein Stück bergab folgen. Er steigt dann aber gleich wieder an und bringt Sie hinauf zu einer Schafweide. Sie halten sich rechts und erreichen Wegspuren. Auf diesen wandern Sie sich leicht rechts haltend bergauf und durchqueren so immer ganz gut die Macchiahecken. An einer Steinmauer laufen Sie kurz nach rechts und dann bald wieder schräg nach rechts, bis Sie zu einer Schotterstraße gelangen. Hier gehen Sie durch das Gatter und wandern auf der Straße nach links bis zu der nahen Teerstraße. Auf dieser gehen Sie nach links bis zum P Parkplatz am Strand Scivu. Nach dieser langen und sicher warmen Tour können Sie nun noch einen kurzen Abstecher zum Strand unternehmen und sich im Meer abkühlen.

23 Durch die Dünen der Costa Verde

Tour für Dünenerklimmer

Die Costa Verde ist eine eher ruhige, landschaftlich aber wunderschöne Küstenregion im Südwesten Sardiniens. Die Sandstrände laden zum Baden ein. Sie wandern durch die schönsten Dünen Sardiniens, wenn nicht sogar Europas.

- Start/Ziel: Parkplatz an der Costa Verde, GPS N 39°32.457' E 008°27.073'
- 5,7 km
- 2 Std.
- 57 m/57 m
- 1-56 m
- keine Markierungen
- Einkehrmöglichkeit am Strand
- keine Rastplätze am Weg
- Der Strand am Parkplatz ist wunderschön zum Baden.

Wunderschön – blühender Ginster im Sand. Im Hintergrund der Monte Arcuentu.

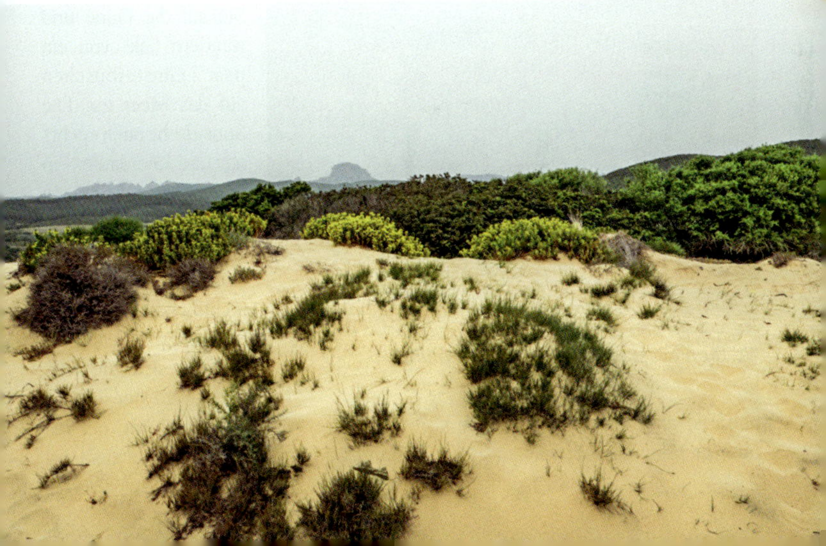

Die einfache Tour ist für Kinder sehr gut geeignet. In den Dünen lässt es sich grandios toben, Verstecken spielen und die Dünen hinunter Purzelbäume schlagen. Am Strand lohnt sich eine Badepause.

Die Tour ist für Hunde sehr gut geeignet, allerdings sollte man den Strandabschnitt am Schluss meiden, da Hunde dort nicht willkommen sind.

P Von Arbus fahren Sie in Richtung Fluminimaggiore, bis nach rechts die Straße in Richtung Ingurtosu abzweigt. Den Parkplatz vor dem Strand erreichen Sie über eine ziemlich holprige Schotterpiste.

Sie parken am großen P Parkplatz vor dem Strand in der Nähe des Hotels La Dune. Zu Beginn der Wanderung spazieren Sie auf der Sandpiste zurück, bis nach rechts eine Spur abzweigt, die über eine Sanddüne führt, noch vor der Brücke über den Rio di Naracauli. Die Spur nimmt Sie rechts von der Straße entlang mit, bis sie wieder in diese einmündet. Sie folgen nun der Straße, bis nach links deutliche Spuren abzweigen. Steil steigen Sie hinunter und wandern entlang der Spuren nach rechts bis zur Straße in Richtung Arbus di Marina. Sie durchqueren den Bach und folgen der Straße bis zu einem Eukalyptuswäldchen. Hier biegt nach links eine Sandstraße ab, die von hoher Macchia umgeben ist. Auf dieser erreichen Sie ein schönes Pinienwäldchen. Direkt vor sich sehen Sie eine Düne, auf die Sie direkt zulaufen. Steil steigen Sie auf die Düne und wandern links von ein paar Ginsterbüschen auf das Meer zu. Die Spur dreht nach rechts ab und Sie laufen in einer kleinen Schleife bergauf zur Macchia. Hier gehen Sie auf deutlicher Spur nach rechts und sehen einen hölzernen Aussichtsturm vor sich. Sie wandern vorher kurz abwärts, an einem Betongebäude vorbei, und gelangen zu dem Turm, der bei unserer Erkundung in keinem guten Zustand war. Hinter dem Turm beginnt ein

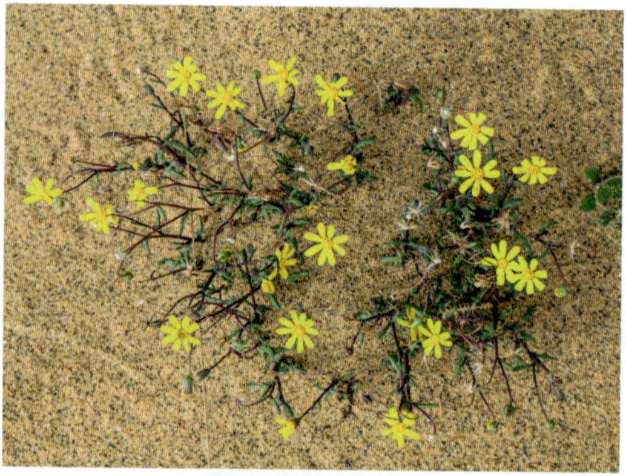

Erstaunlich was mitten im Sand blüht

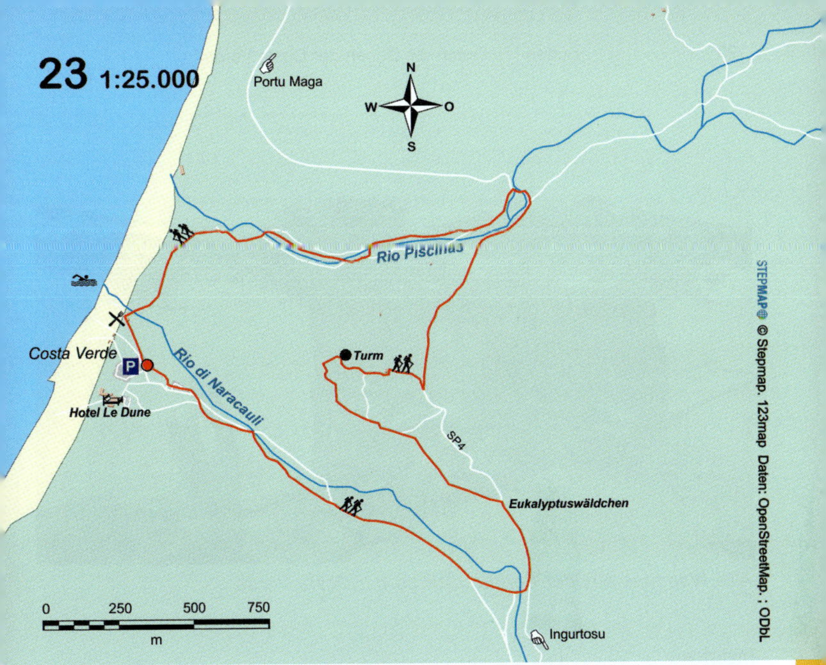

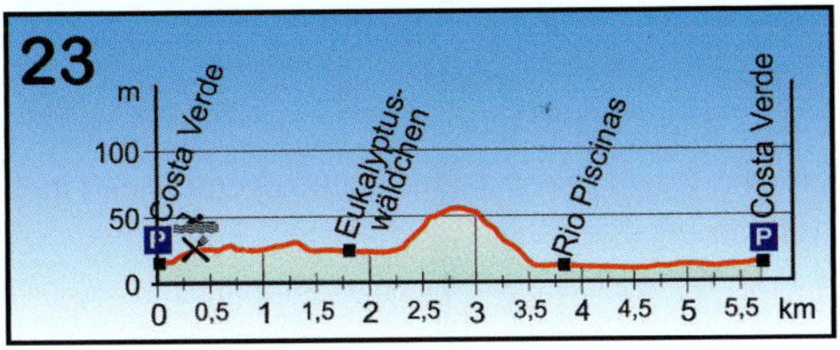

breiter Weg, der hinunter zur Fahrstraße führt. Auf dieser gehen Sie nach links bis zum Rio Piscinas.

Sie durchqueren den Bach, biegen gleich auf den nach links abzweigenden Weg ein und wandern direkt am Bach entlang.

Folgen Sie hier nicht der deutlicheren Spur geradeaus.

Nun gehen Sie entlang des Baches, mal auf der linken, mal auf der rechten Seite, zum Sandstrand. Den Abschluss der Tour bildet der Strandspaziergang nach links zurück zum P Parkplatz.

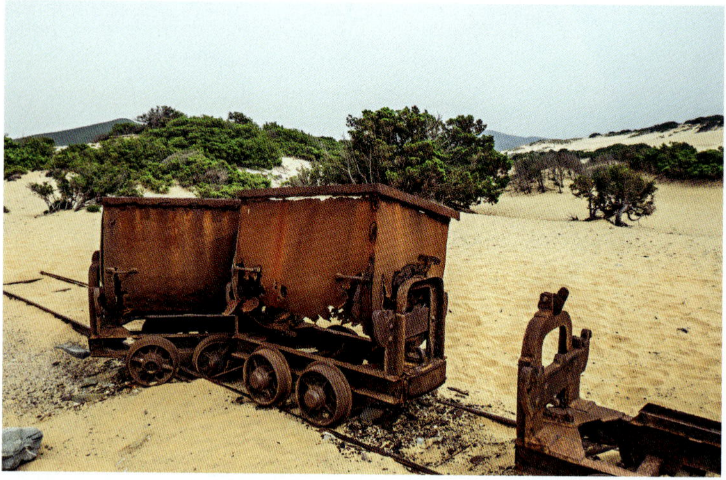

Alte Waggons aus der Bergbauzeit an der Costa Verde

Ingurtosu

In der zweiten Hälfte des 19. Jahrhunderts wurden in Ingurtosu Zink, Blei und Silber abgebaut. Bei der Anfahrt zur Costa Verde kommt man an dem beeindru ckenden Direktionsgebäude aus der damaligen Zeit vorbei. 1973 wurde die Grube endgültig geschlossen, inzwischen hat man sie aufwendig renoviert. Der örtliche Verein Associazione Zampa Verde bietet im Sommer Führungen im Bergwerk an.

♦ Weitere Informationen unter zampaverde@infinito.it

24 Auf den Monte Arcuentu

Tour für Gipfelstürmer

Der Monte Arcuentu ist ein markanter Vulkanberg im Südwesten Sardiniens. Er ist der höchste Berg einer Vulkankette im nördlichen Iglesiente. Dementsprechend fantastisch ist die Aussicht vom Gipfel, die bis zu den Stränden der Costa Verde reicht. Auf den Gipfel selbst führt ein Pilgerpfad – der Monte Arcuentu gilt bei Einheimischen als heiliger Berg.

- Start/Ziel: Parkplatz an der Straße zwischen Montevecchio und Costa Verde, GPS N 39°34.770' E 008°32.971'
- 8,7 km
- 3 Std. 45 Min.
- 579 m/579 m
- 208-784 m
- rot-weiß markierte Wege
- keine Einkehrmöglichkeit am Weg
- Picknickplatz mit Brunnen beim Abstieg (km 5,5) sowie kurz vor dem Bauernhof (km 6,4)
- Die Tour ist vor allem im Gipfelbereich sehr steil, etwas Trittsicherheit erforderlich. Deshalb sollte sie erst mit Kindern ab 12 Jahren gegangen werden. Die Kraxelei im Gipfelbereich wird junge Wanderer begeistern.
- Für Hunde ist die Strecke aufgrund des steilen Gipfelaufbaus nicht besonders gut geeignet.
- P Von Montevecchio fahren Sie ca. 4,2 km in Richtung Costa Verde. Vor einer Brücke über den Canali Canna zweigt nach rechts ein Weg ab. Links der Straße finden Sie eine Parkmöglichkeit.
- In den Sommermonaten können Sie die Bergbauminen in Montevecchio besichtigen.

Vom P Parkplatz auf der linken Straßenseite wandern Sie auf der gegenüberliegenden Seite auf dem breiten Weg aufwärts. Bald mündet von rechts ein Weg ein, den Sie ignorieren. Sie folgen dagegen dem Hauptweg, der Sie zu einem Stall und einem Steingebäude bringt. Direkt danach zweigt an einer Mauer Ihr Weg nach links ab. Sie durchqueren das Bachbett, unmittelbar danach steigt der Weg an und Sie sehen erstmals links an einem Baum eine rot-weiße Markierung. Hier gehen Sie nach rechts und nehmen den Weg, der nun steil bergauf führt. An der Stelle, an der sich der Weg verflacht, wird er schmaler. Er ist aber weiterhin gut markiert und bringt Sie in die Scharte Genna Flore zwischen Monte Maiori und Monte Arcuentu.

An der Scharte steigen Sie über den Stacheldraht und wandern die ganze Zeit entlang des Kammes bergauf bis zu einer Verflachung. Über die Wiese gehen Sie hinauf zum Wald. Hier beginnt der lange, flache Übergang nach links zur Hauptaufstiegsroute. Sie folgen dabei den deutlichen Steigspuren, die Markierungen sind hier allerdings etwas spärlicher. An einer Wegverzweigung nehmen Sie den rechten, oberen Weg über einen großen Felsblock. Der Weg führt dabei etwas ausgesetzt unter den Gipfelfelsen des Monte Arcuentu hindurch. Eine Markierung

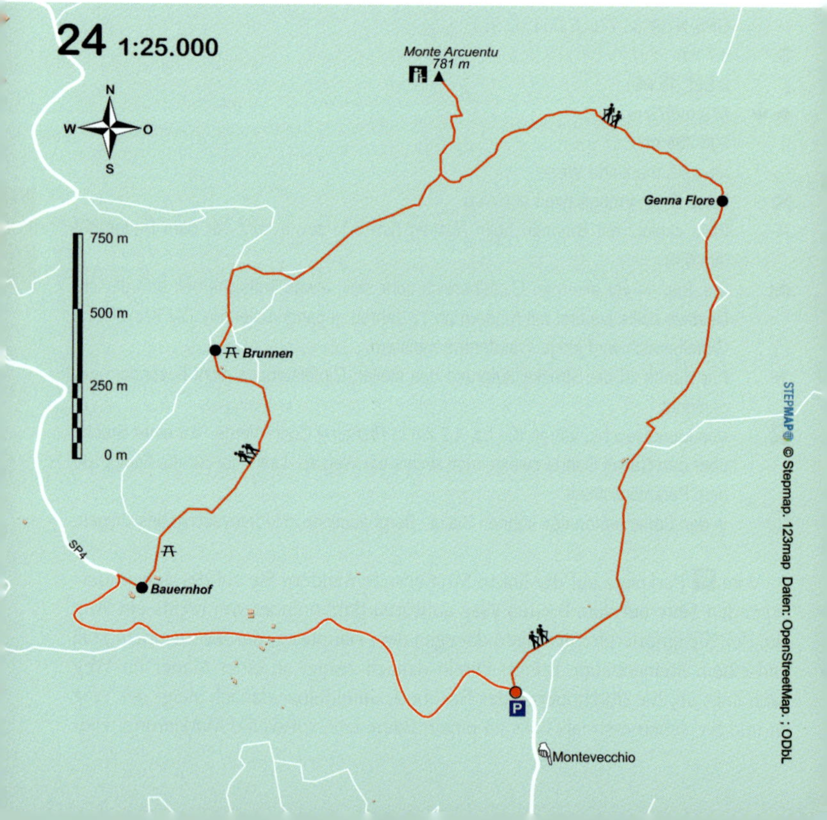

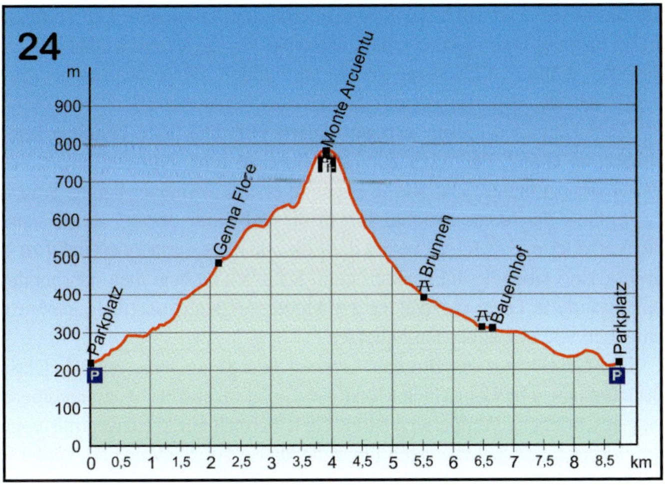

an einem Felsen vor einer kleinen Mauer zeigt Ihnen an, dass Sie nach rechts oben bis zu den Felsen steigen und dort die Mauer überqueren müssen.

Hier treffen Sie auf die Hauptaufstiegsroute. Er ist mit den Tafeln eines Kreuzweges ausgestattet. Der Steig schlängelt sich von hier in vielen Kehren ohne besondere Herausforderungen bergauf. An einer Stelle sehen Sie einen etwas verwaschenen gelben Pfeil. Hier müssen Sie nach rechts, obwohl nach links ebenfalls Steigspuren bergauf führen.

Sie erreichen den Gipfelkamm, tauchen in ein Wäldchen ein und wandern an ein paar Steinhüttchen vorbei zu einer Madonna. Nach links gelangen Sie zu einem schönen Gipfelkreuz, nach rechts zum höchsten Punkt mit kleinem Metallkreuz. Hier oben genießen Sie die wunderbare Aussicht auf die Nachbargipfel und das Meer.

Vulkanmassiv

Der Monte Arcuentu ist Teil eines Vulkanmassivs, das im Landesinneren parallel zur Costa Verde verläuft. Basalt überwiegt am Berg, auf der Westseite zur Küste hin kann man jedoch Bimssteintuff entdecken, der mit Fossilien durchsetzt ist. Der Gipfel bildet den Kern des Vulkanmassivs. Hier finden sich Überreste einer Festung, woraus man schließen kann, dass er als militärischer Stützpunkt diente, um die Küste, aber auch das Inland überblicken zu können. Die Festung wurde 1164 erstmals urkundlich erwähnt, allerdings war sie schon deutlich früher besiedelt. Bis zu ihrem Niedergang im 16. Jahrhundert diente sie auch als Kloster für den Orden der Vallombrosano.

Zwei Legenden ranken sich um diesen Ort. Die erste berichtet von einem Schatz am Gipfel, der von einer Hexe bewacht wird. Nur ein junges, verlobtes Paar kann ihn finden. Die zweite Legende erzählt von einer jungen Frau namens Luxia. Ein edler Mann verliebte sich in sie und wurde zornig, als sie seine Liebe nicht erwiderte. Aus Rache befahl der Edle, sie mit Gewalt zum Gipfel zu bringen und sie dort lebendig mit wunderbarem Schmuck zu begraben. Jahrhundertelang durchwanderte Luxia die Wälder am Monte Arcuentu und sang schöne Lieder, umgeben von unglaublichen Schätzen.

Die Geschichte des Bruders Lorenzo besagt, er habe im 20. Jahrhundert 30 Jahre lang jedes Jahr einen Monat am Gipfel verbracht, um zu meditieren. Der hier beschriebene Wanderweg ist im Gipfelbereich ein Kreuzweg mit Votivtafeln, der vorbei an einer versteckten Einsiedlerklause zur Madonna am Gipfel führt.

Der Weg führt hinauf zum Fuße der Felsen und dann nach links hinaus

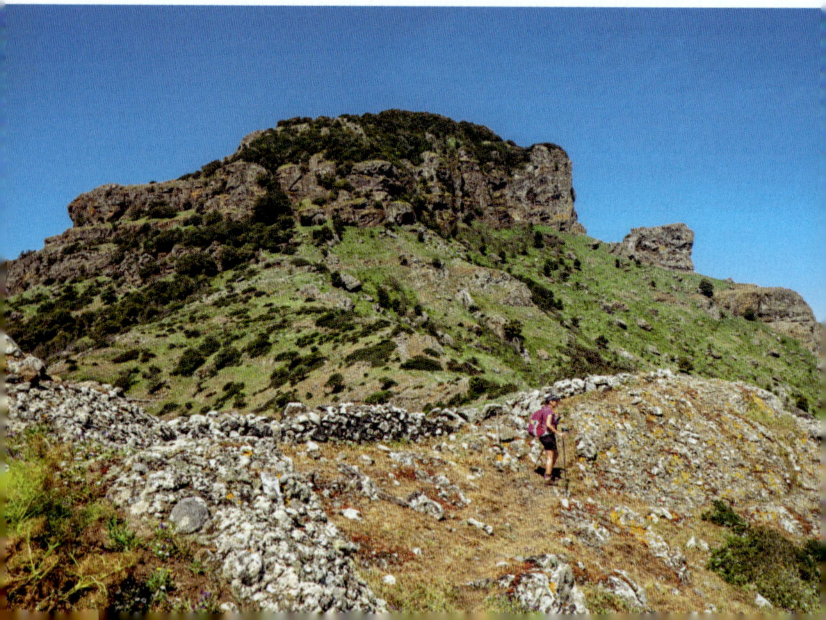

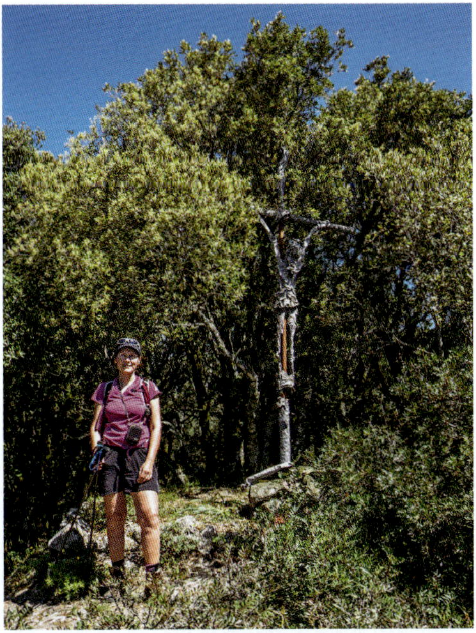

Am Gipfel des Monte Arcuentu

Nach der Gipfelpause gehen Sie zurück zur Zusammenkunft der beiden Wege. Nun nehmen Sie den geradeaus abwärts führenden Steig, der Sie ziemlich schnell zu einem Zaun mit einem Holzgatter bringt. Sie öffnen das Gatter (bitte danach wieder schließen!), gehen hindurch und folgen dem nun breiter werdenden Steig über den Kamm bergab. Der Weg biegt nach rechts ab und nimmt Sie mit hinunter zu einer Wiesenfläche mit einem Picknickplatz bei einem Brunnen. Hier wenden Sie sich nach links und wandern auf dem breiten Weg weiter abwärts. Er verflacht zwischendurch und zieht sich in einem weiten Bogen zu einem Picknickplatz. Nun sind es nur noch wenige Meter bis zu einem Bauernhof, an dem Sie oft von einem bellenden Hund empfangen werden. Sie gehen durch das Eisengatter und wandern rechts an den Häusern vorbei zur Straße. Auf dieser spazieren Sie nach links bis zum P Parkplatz zurück.

Montevecchio

Auf dem Weg zum Parkplatz fahren Sie durch Montevecchio. Ab Mitte des 19. Jahrhunderts wurden hier Blei, Silber und Zink abgebaut. Es entstand eines der bedeutendsten Bergwerke Europas, bis es 1991 geschlossen wurde. Inzwischen können die ehemaligen Anlagen im Sommer besichtigt werden.

⌘ Miniera Montevecchio, ☎ 00 39/338/459 20 82, info@minieramontevecchio.it, www.minieramontevecchio.it

25 Über die Giara-Hochfläche

Tour für Naturliebhaber

Diese Wanderung führt Sie über die Basalthochfläche Giara di Gesturi. Die Korkeichen, Seen und die weite Fläche geben ein Landschaftsbild ab, das teilweise an andere Erdteile erinnert. Vom Rand bietet sich ein beeindruckender Blick auf die Marmilla. Auf der Hochfläche leben Wildpferde, die Sie beim Trinken an den Seen beobachten können.

- Start/Ziel: Parkplatz am Südrand der Giara, GPS N 39°43.911' E 008°58.495'
- 8,1 km
- 2 Std. 30 Min.
- 61 m/61 m
- 556-606 m
- teilweise rot-weiß markierte Wege, teilweise weglos
- keine Einkehrmöglichkeit
- keine Rastplätze
- Die Tour ist nicht besonders schwierig und daher für Kinder gut geeignet. Die Wildpferde werden nicht nur Mädchenherzen höher schlagen lassen. Rund um die Seen lässt es sich wunderbar spielen und die Pferde bestaunen.
- Der Weg ist für Hunde geeignet, leinen Sie sie aber im Bereich der Wildpferde an.
- P Von Tuili folgen Sie den Schilder zur Giara-Hochfläche. Die schmale Straße endet am Rand der Hochfläche, wo Sie einen Parkplatz finden.
- Unweit von Tuili bei Barumini liegt Su Nuraxi, die bedeutendste Nuraghenanlage Sardiniens.

Vom P Parkplatz am Rand der Hochfläche gehen Sie zum nahen Informationshäuschen und auf dem Weg nach rechts, der Sie zu einem Fahrweg bringt. In diesen biegen Sie nach links ein und wandern durch schönen Wald bergauf. Sie bleiben immer auf dem Hauptweg und gelangen zum ⌘ Botanischen Garten Morisia.

Botanischer Garten Morisia

Der Botanische Garten Morisia wird von der Cooperativa Sa Jara Manna gepflegt. Auf zwei Hektar werden alle wichtigen Pflanzen der Giara-Hochfläche gezeigt.

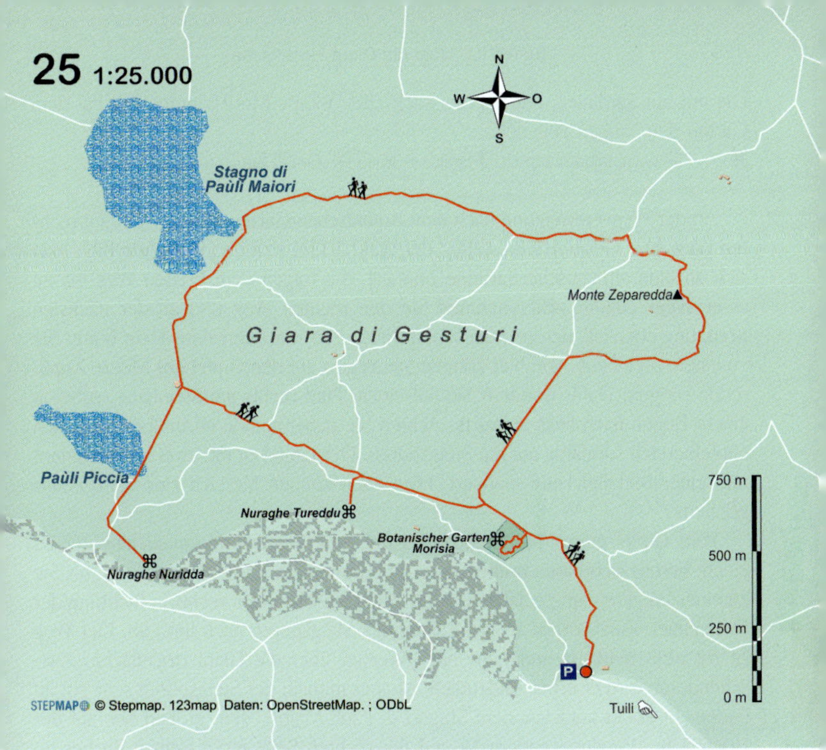
25 1:25.000
N
W
O
S
Stagno di Paùli Maiori
Giara di Gesturi
Monte Zeparedda
Paùli Piccia
Nuraghe Tureddu
Botanischer Garten Morisia
Nuraghe Nuridda
750 m
500 m
250 m
0 m
P
Tuili
STEPMAP © Stepmap. 123map Daten: OpenStreetMap. ; ODbL

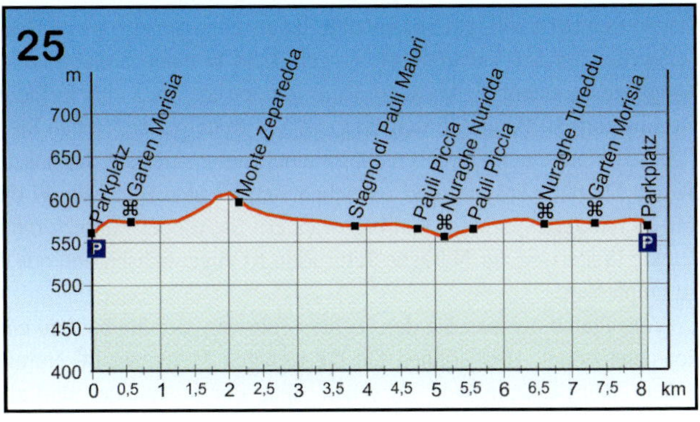
25
m
700
650
600
550
500
450
400
Parkplatz
Garten Morisia
Monte Zeparedda
Stagno di Paùli Maiori
Paùli Piccia
Nuraghe Nuridda
Paùli Piccia
Nuraghe Tureddu
Garten Morisia
Parkplatz
0 0,5 1 1,5 2 2,5 3 3,5 4 4,5 5 5,5 6 6,5 7 7,5 8 km

Die nur auf Sardinien und Korsika wachsende Blume Morisia monantha hat dem Garten den Namen gegeben.

⌘ www.sajaramanna.it, täglich 8:30-13:00, Eintritt frei

An der Wegverzweigung nach dem Botanischen Garten nehmen Sie den rechten Weg. Das Gelände wird weiter, der Wald lichtet sich und irgendwie fühlt man sich an eine afrikanische Savanne erinnert. Sie folgen dem breiten Weg bis zu einer Wegkreuzung. Hier nehmen Sie den rechten Weg und an der nächsten Kreuzung ebenfalls den rechten Wanderweg. Der nun schmalere Steig bringt Sie zu einem Steinhaus. Von hier können Sie weglos auf den Gipfel des Monte Zeparedda steigen. Dafür wandern Sie auf einem Pfad rechts am Steinhaus vorbei in einem Bogen nach links aufwärts. Achten Sie dabei gerade im unübersichtlichen Gipfelbereich sorgfältig auf die Steigspuren. Der Gipfel ist mit zwei Steinmännern und einer Metallplakette markiert. Hier oben können Sie sich eine erste Pause gönnen.

Vom Gipfel gehen Sie nach rechts über die Steine und laufen hinunter zu einem bereits sichtbaren breiten Weg. Auf diesem wandern Sie nach links, bis Sie zu einer Wegkreuzung gelangen. Hier gehen Sie kurz nach rechts in Richtung der Steinmauer. Kurz vorher zweigen allerdings Steigspuren nach links ab. Der Weg ist rot-weiß markiert und führt nach Westen über die Giara-Hochfläche. Zwischendurch wird er etwas undeutlich, ist aber mithilfe der Steigspuren sehr gut zu finden. Er endet kurz vor dem Stagno di Paùli Maiori, dem großen See auf der Hochfläche. Weglos wandern Sie auf der rechten Seite eines kleinen Baches zu dem See, an dem Sie die Wildpferde der Giara beobachten können. Sie gehen auf Pfadspuren nach links am See entlang. Bald treffen Sie auf einen markierten Steig, der weiter am See entlangführt. Er geht bald in einen breiteren Weg über und bringt Sie zu einem Pferch. Geradeaus können Sie noch zum kleineren See Paùli Piccia wandern. Wenn Sie den Weg am See weitergehen, treffen Sie nach einem Flachstück auf einen Durchschlupf an einer Steinmauer auf der linken Seite. Hier biegen Sie nach links ab und erreichen sich leicht rechts haltend die Steinreste der ⌘ Nuraghe Nuridda. Von hier wandern Sie wieder zurück zum Pferch. Der direkte Weiterweg zur Nuraghe Tuturuddu ist zugewachsen und nur Abenteurern zu empfehlen.

Vom Pferch nehmen Sie den rechten Fahrweg, der Sie bald zu einer Informationstafel bringt. Hier können Sie die wenigen Meter zur ⌘ Nuraghe Tureddu gehen. Viel ist nicht mehr zu sehen, Teile der Steinmauer sind aber noch zu erkennen.

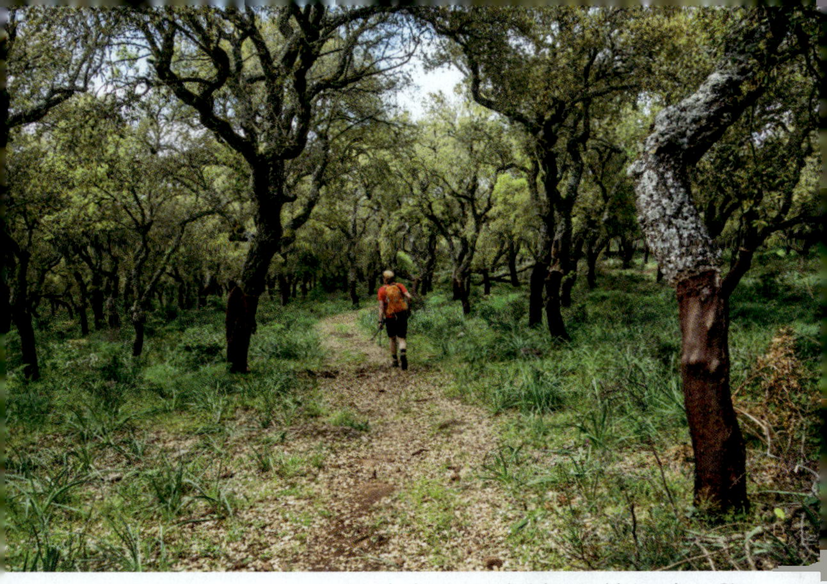

Durch diesen Korkeichenwald wandern Sie

Wieder zurück am Hauptweg wandern Sie bis zur Wegverzweigung vor dem Botanischen Garten und auf dem bekannten Weg zurück zum **P** Parkplatz am Rand der Hochfläche.

Su Nuraxi

Unweit der Giara-Hochfläche liegt Su Nuraxi, die bedeutendste Nuraghe Sardiniens, deren Bedeutung erst nach einem Erdrutsch in den 50er-Jahren erkannt wurde. Die Nuraghenbastion erstreckt sich auf einem Gebiet von 1.000 m². Die Burganlage besteht aus einem 15 m hohen Turm und vier Seitentürmen. Umgeben war sie von einem Mauerring mit weiteren Außentürmen. Die Bastion umgaben 200 Rundhütten. Führungen finden in den Sommermonaten im Halbstundentakt statt.

⌘ Fondazione Barumini, Zona Archeologica Su Nuraxi, Viale Su Nuraxi, Barumini, ☏ 00 39/07 09/36 81 28, 💻 www.fondazionebarumini.it

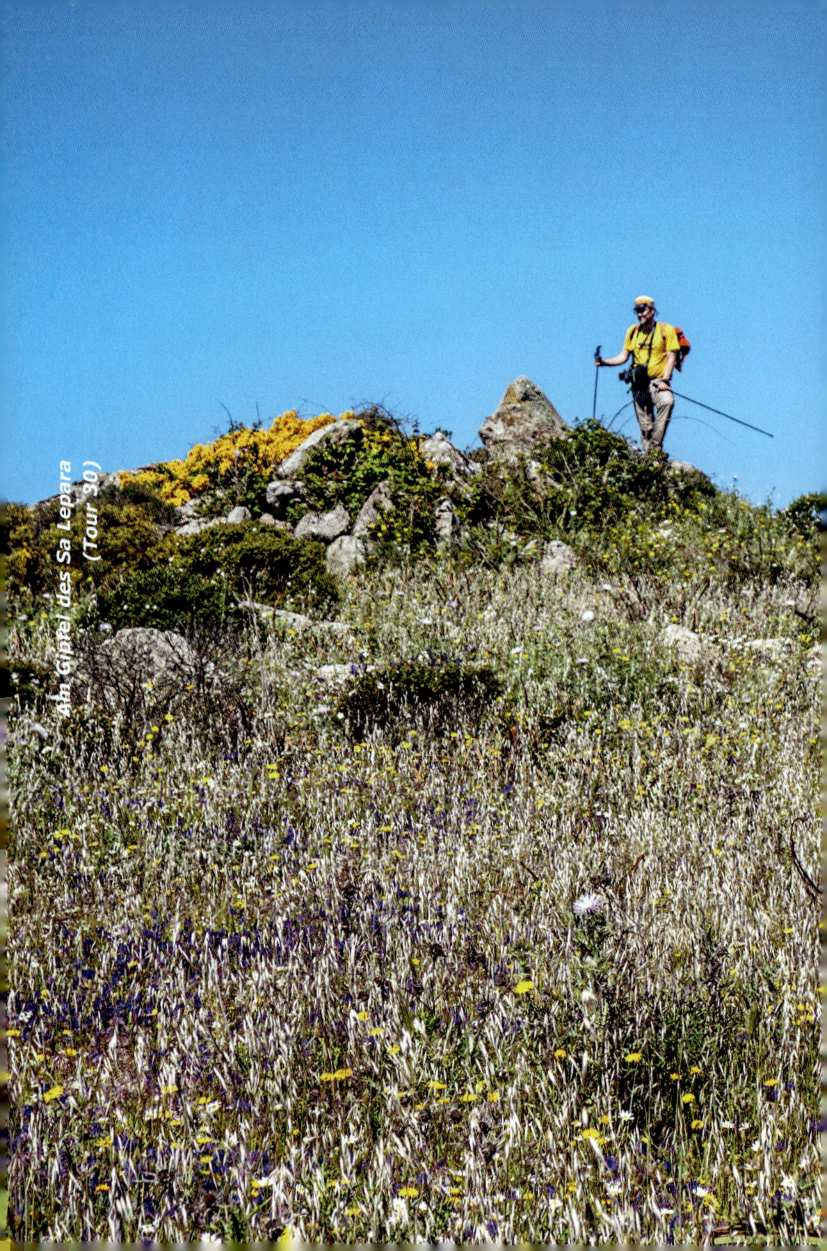

Am Gipfel des Sa Lepara (Tour 30)

Westen

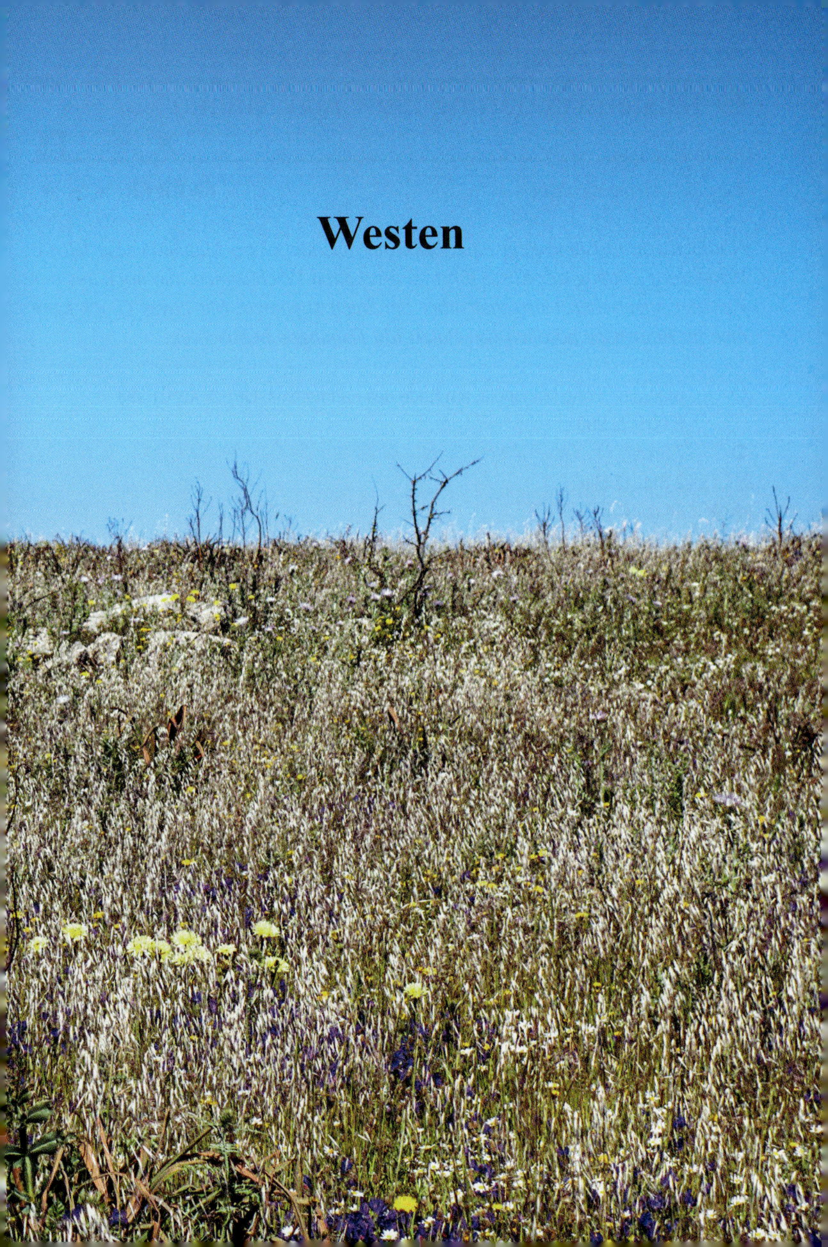

26 Küstenwanderung am Capo Mannu

Tour für Flamingoliebhaber

Nördlich von Oristano liegt eine Halbinsel mit dem Capo Mannu. Diese leichte Wanderung entlang der Küste führt zu zwei alten Wachtürmen, die noch aus der Zeit der spanischen Herrschaft über Sardinien stammen. Mit etwas Glück kann man im Binnensee nördlich von Putzu Idu Flamingos beobachten.

- Start/Ziel: Porto Mandriola, am Ende des Fahrdamms, GPS N 40°01.993' E 008°23.999'
- 7,5 km
- 2 Std. 15 Min.
- 44 m/44 m
- 0-42 m
- keine Markierungen, aber einfache Wege
- Ristorante Lepori und Bar Lo Scivolo in Mandriola (am Ausgangspunkt), Bar Sottovento (km 5,8, in der Badesaison geöffnet)
- keine Rastplätze

Die Wanderung führt entlang der Küste zu alten Sarazenentürmen

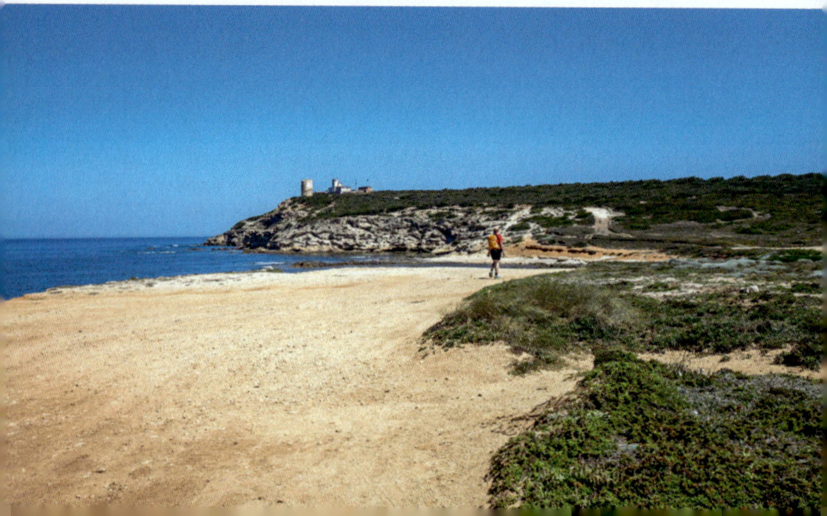

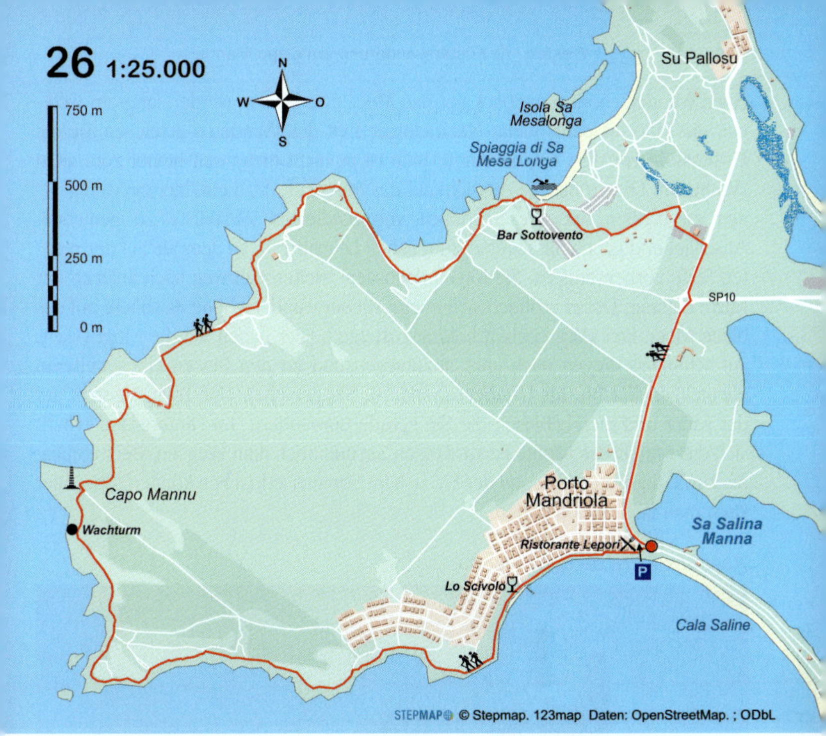

- Bademöglichkeit an der Bar Sottovento (km 5,8)
- Die Tour ist leicht und daher für Kinder ab 8 Jahren geeignet. Die Flamingos sind natürlich ein absolutes Highlight, aber auch der Turm will erkundet werden. Außerdem lädt der Strand zum Baden und Spielen ein.
- Einfache Wege an der Küste, die für Hunde sehr gut geeignet sind.
- **P** Von Oristano geht es in Richtung Cuglieri, dann biegen Sie bald nach links in Richtung Putzu Idu ab. Über den Fahrdamm fahren Sie bis nach Porto Mandriola und können dort am Ortseingang, gegenüber der Pizzeria Leporio, parken.
- ☺ Südlich von Putzu Idu auf der Sinis-Halbinsel liegen die Ruinen von Tharros.

Vom **P** Parkplatz gegenüber der Pizzeria Lepori in Porto Mandriola gehen Sie an der linken Seite der Pizzeria vorbei. Sie spazieren auf der Strandpromenade unter schattigen Bäumen an der Halbinsel entlang. Bald kommen Sie zu einem Steg und zur Bar Lo Scivolo. Sie wandern immer am Ufer entlang und haben einen wunderschönen Ausblick auf das Meer. Die Bäume werden langsam weniger, die Macchia dafür mehr. Nach einiger Zeit des Wanderns erreichen Sie die Einsenkung vor dem Capo Mannu. Nun ist es nicht mehr weit hinauf zum alten Wachturm. Die großartige Aussicht auf das Meer lädt dazu ein, hier ein wenig sitzen zu bleiben und die Schönheit von Sardiniens Westküste zu genießen. Anschließend gehen Sie hinüber zum nahen Leuchtturm, an dem Sie auf der rechten Seite vorbeiwandern. Sie folgen dann dem breiten Fahrweg nach links an der Küste entlang. Dabei eröffnen sich immer wieder wunderschöne Ausblicke auf das blaue Meer. Der Weg beginnt bald anzusteigen. Hier haben Sie die Möglichkeit, auf schmalen Wegen nach links abzubiegen und zu den Resten eines weiteren ehemaligen Wachturms hinüberzuwandern. Sie genießen eine tolle Aussicht auf das Meer und die Halbinsel, die Sie gerade umwandern. Im Hintergrund erhebt sich das Massiv des Monte Ferru. Folgen Sie nun noch dem Weg am Meer entlang bis zur Bar Sottovento, an der Sie sich im Sommer erfrischen können. Hier kann man auch schön baden.

Rast am Torre de Capo Mannu

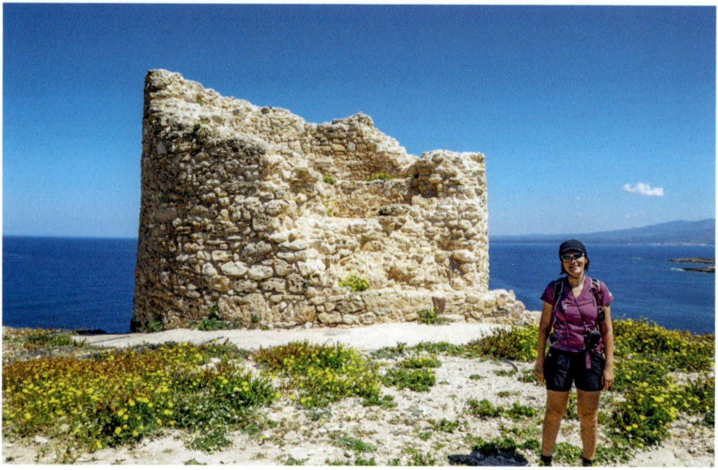

Hier verlassen Sie die Küste und wandern auf dem Weg links an der Bar vorbei. Sie treffen auf eine Sandstraße, biegen nach links ab und kommen zur Fahrstraße, die nach Porto Mandriola führt. Nun wandern Sie entlang der Straße zurück zum P Parkplatz. Dabei sollten Sie unbedingt einen Blick nach links zum Binnensee Sa Saline werfen. Hier tummeln sich im Sommer gerne Flamingos.

Schöne und deutliche Wege am Capo Mannu

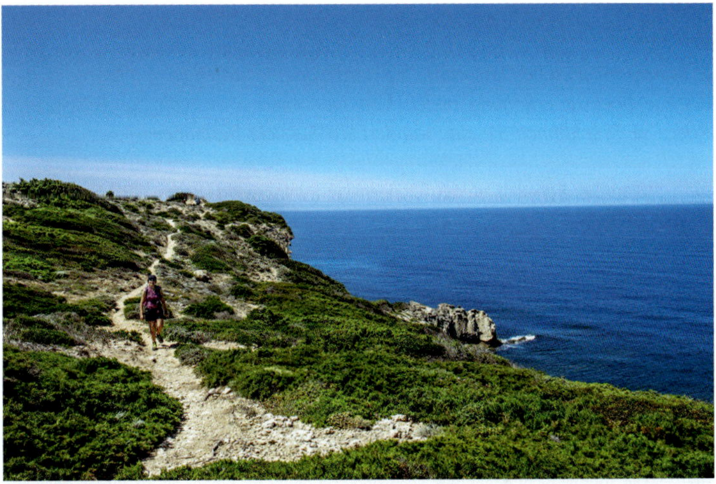

Flamingos in Sardinien

Seit der Antike sind Flamingos ein Symbol für positive Einstellung und Eleganz. In Ägypten weihte man den Vogel dem Sonnengott Ra. Der Rosaflamingo kommt auch in Südeuropa vor. Er brütet auf flachen Inseln an ausgedehnten, flachen, schlammigen Stränden oder Meeresbuchten. Schätzungsweise gibt es weltweit 500.000 Tiere, davon rund 90.000 Tiere in Europa. Sie sollten die Zugvögel unbedingt beobachten.

Tharros

Südlich von Putzu Idu liegt die Sinis-Halbinsel. Auf der Südseite befinden sich die Ruinen der phönizisch-punischen Hafen- und Handelsstadt Tharros. Bis in die späte römische Kaiserzeit war Tharros eine reiche Handels- und Hafenstadt. Heute kann man die Überreste des ehemaligen Stadtzentrums besichtigen.

⌘ Area Archeologica di Tharros, Località San Giovanni di Sinis,
☏ 00 39/07 83/37 00 19, www.penisoladelsinis.it, im Sommer 9:00-19:00

27 Auf den Monte Ferru

Tour für Gipfelstürmer

Das Massiv des Monte Ferru zwischen Cuglieri und Santu Lussurgiu ist das größte Massiv vulkanischen Ursprungs auf Sardinien. Sie besteigen den Monte Urtigu, der die höchste Erhöhung bildet. Von hier oben sowie von der Felsenkanzel Rocca sa Tiria können Sie eine wunderbare Aussicht bestaunen.

- Start/Ziel: Parkplatz an der Sendeanlage Punta Badde Urbara, GPS N 40°09.467' E 008°37.720'
- 8,7 km
- 3 Std.
- 245 m/245 m
- 911-1.050 m
- breite Wanderwege, lediglich bei den beiden Gipfeln schmale Steige mit Steinmännchen, einfach zu finden
- keine Einkehrmöglichkeiten
- keine Rastplätze
- Die Tour ist nicht besonders schwierig und daher für Kinder ab 10 Jahren geeignet. Auf dieser Tour können die Pfadfinder wieder aktiv werden und Ausschau nach seltenen Tieren halten. In den Volieren hier oben wohnten Gänsegeier, die immer noch in der Umgebung leben.
- Es geht über breite Schotterwege und schmale Steige, die gut für Hunde geeignet sind.
- P Von Santu Lussurgiu geht es auf der SP19 in Richtung Cuglieri. Nach 9,5 km biegen Sie an einem Schild „RAI Centro transmittente Punta Badde Urbara“ nach links ab. Auf der schmalen, teilweise ziemlich schlechten Straße fahren Sie noch 1 km bis zum Parkplatz vor der Sendeanlage.
- Die beiden Orte am Monte Ferru, Cuglieri und Santu Lussurgiu, lohnen einen Besuch. Von Santu Lussurgiu kann man außerdem noch zum 16 km entfernten Brunnenheiligtum Santa Cristina fahren.

Vom P Parkplatz vor dem großen Sendemast gehen Sie nach rechts an einem grünen Eisentor vorbei. Der breite Weg bringt Sie leicht abwärts zu einem Wegabzweig. Den Weg nach rechts zu einem Haus ignorieren Sie. Sie wandern noch

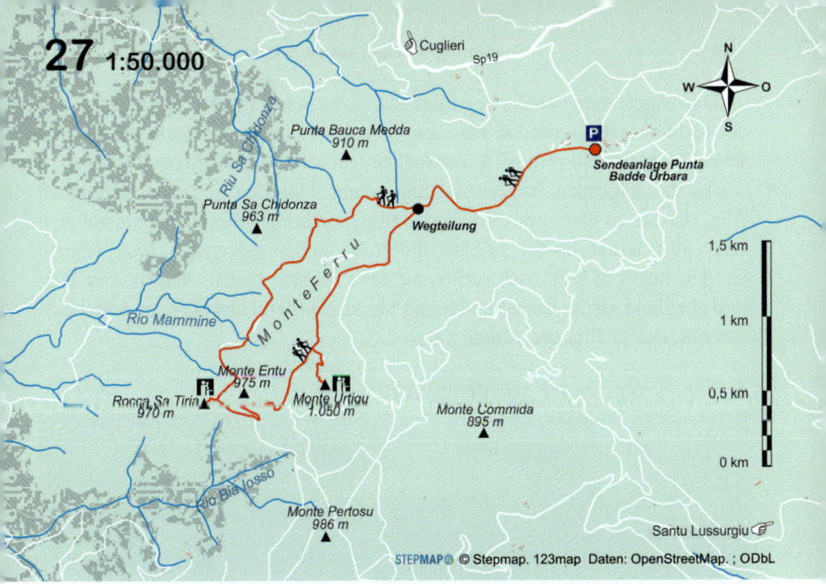

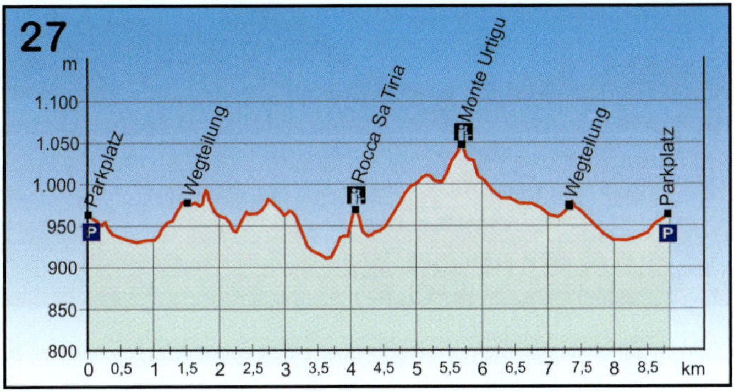

ein wenig bergab, dann aber beginnt der Weg anzusteigen. Sie bleiben immer auf dem geradeaus führenden Hauptweg und erreichen so einen Sattel mit einer Wegverzweigung.

Hier gehen Sie immer noch geradeaus weiter und wandern zu einem weiteren Sattel hinauf, der sich direkt unter einer Sendestation befindet. Von hier bietet sich ein erster schöner Blick auf das Meer und nach Cuglieri.

Der angenehme Wanderweg führt nun aussichtsreich am Hang entlang. Auf der rechten Seite trennt Sie ein Zaun von den Hängen. Am Ende des Zaunes sehen Sie rechts ein paar wilde Felsspitzen, ein wirklich großartiger Anblick.

An der folgenden Wegverzweigung nehmen Sie den geradeaus führenden Weg, der Sie zu einer weiteren Wegverzweigung bringt. Hier gehen Sie auf dem linken Weg weiter, bis Sie zu einer dritten Verzweigung kommen. Jetzt nehmen Sie den steinigen Weg nach rechts, auf dem Sie steil bergab steigen. Der Weg wird aber bald wieder flacher und bringt Sie anschließend hinauf in den Sattel zwischen Rocca sa Tiria und Monte Entu.

Blühender Ginster vor dem Monte Entu

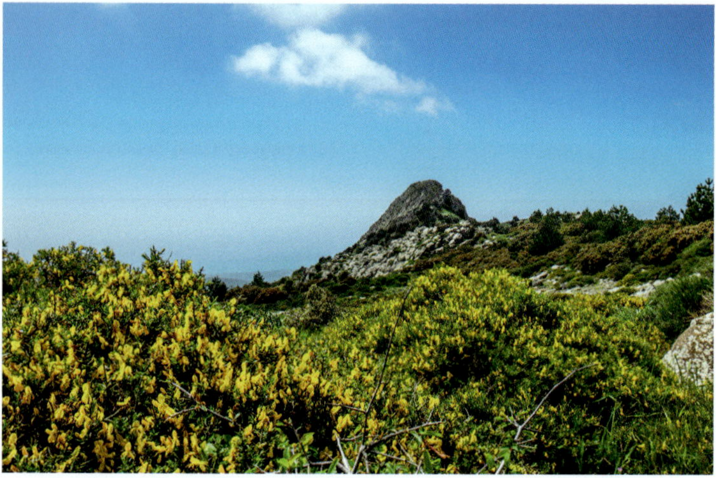

Vom Sattel steigen Sie nach rechts über einen gut angelegten und mit Treppen versehenen Steig bergauf zum Gipfel des Rocca sa Tiria. Von der kleinen Felsenkanzel haben Sie eine wunderbare Aussicht auf die weite Vulkanlandschaft des Monte Ferru.

Nach der gemütlichen Gipfelpause gehen Sie wieder zurück zum Sattel und folgen dann dem breiten Weg, der Sie auf der gegenüberliegenden Seite weiter bergauf bringt. Sie erreichen einen Querweg, an dem Sie nach links weitergehen. Der Weg führt in die Nähe einer ehemaligen Voliere, die Sie links liegen lassen. Wenig später sehen Sie rechts einen kleinen Steinmann und Steigspuren. Diesem Weglein folgen Sie zu einem kleinen Sattel. Hier zweigen die Steinmännchen nach rechts ab und führen Sie auf einen leicht felsigen Kamm. Über diesen steigen Sie durch die Macchia auf den Gipfel des Monte Urtigu, des höchsten Punkts des Monte Ferru. Vom Gipfelzeichen eröffnet sich eine wunderbare Aussicht auf die Umgebung.

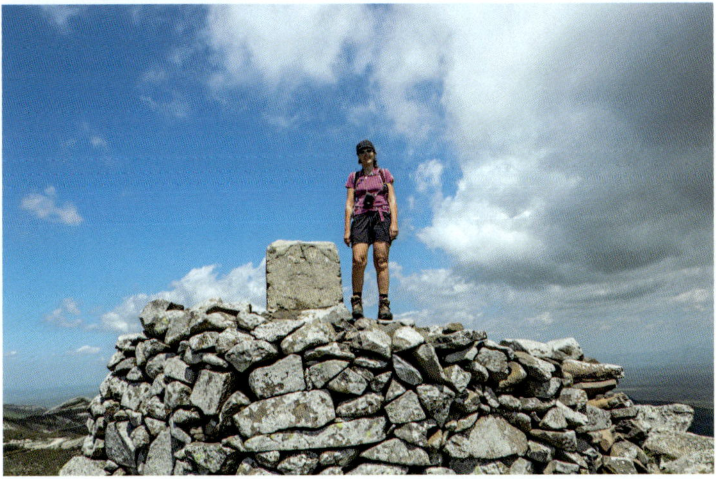

Gipfelrast am Monte Urtigu

Nach der verdienten Gipfelpause steigen Sie am Anstiegsweg wieder ab. Auf alten Karten eingezeichnete Wege verlieren sich nämlich in der Macchia. Wieder zurück am Hauptweg folgen Sie diesem nach rechts bis zur Wegverzweigung, die Sie vom Hinweg kennen.

Auf dem bekannten Wanderweg wandern Sie zurück zum **P** Parkplatz beim Sendemast.

Die beiden Orte am Ende der Passstraße am Monte Ferru heißen Cuglieri und Santu Lussurgiu und sind immer einen Besuch wert.

Cuglieri

Das Bergdorf Cuglieri beeindruckt vor allem durch seine Basilika Santa Maria della Neve. Die Kirche wurde im 18. Jahrhundert neu errichtet und liegt am höchsten Punkt des Ortes mit einer prächtigen Aussicht.

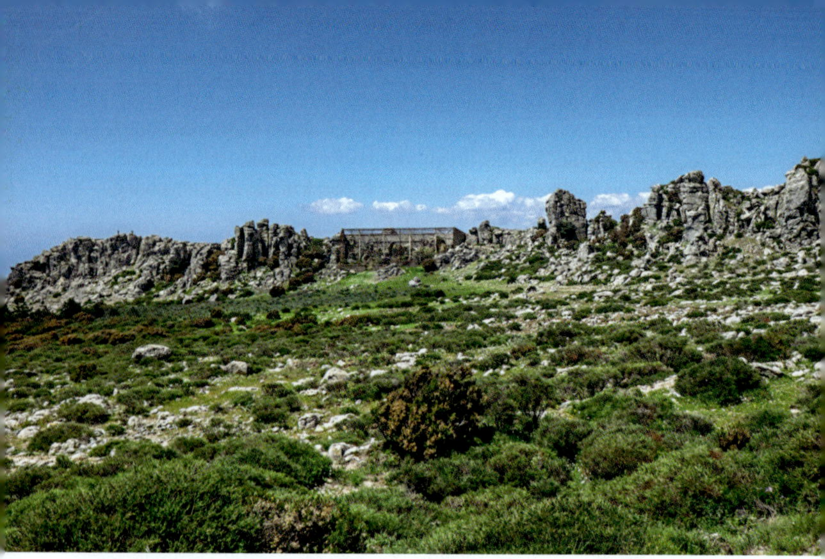

Die ehemalige Geiervoliere am Monte Ferru

Santu Lussurgiu

Der Ort ist in einem ehemaligen Vulkankrater errichtet und zeichnet sich durch seine vielen engen Gassen aus. Berühmt ist das Pferderennen Sa Carrela 'e nanti. Die Reiter sind dabei in traditionelle Trachten gekleidet. Bei dem Rennen durch die Via Roma werden sie von der Dorfbevölkerung eifrig angefeuert.

Santa Cristina

Nicht weit von Santu Lussurgiu, bei Abbasanta, liegt das nuraghische Brunnenheiligtum Santa Cristina. Es zählt zu den schönsten seiner Art in Sardinien. Es stammt aus dem 1. Jahrtausend v. Chr. Aus der Luft sieht der Eingang wie ein Schlüsselloch aus. Aus einer Vorhalle führen Steinstufen hinunter zum Brunnenschacht.

♦ Area Archeologica di Santa Cristina, ☏ 00 39/07 85/554 38, ✉ archeotour@tiscali.it, 💻 www.archeotour.net

28 Zur Steilküste über der Bucht Porto Mànagu

Tour für Aufsteiger und Weitblicker

Nördlich von Bosa befindet sich die Felsenbucht Porto Mànagu. Die heutige Wanderung führt zu ihr hinunter und dann weiter zu einem Sattel oberhalb der Cala Santa Maria. Die letzten Meter zu einem kleinen Felsenturm sollten nur trittsichere und schwindelfreie Wanderer in Angriff nehmen.

Start/Ziel: Parkbucht an der Straße zwischen Bosa und Alghero, GPS N 40°20.258' E 008°25.789'
5,6 km
2 Std. 15 Min.
154 m/154 m
10-92 m
keine Markierungen, schmale Pfade, einzelne Steinmännchen
keine Einkehrmöglichkeiten
keine Rastplätze

Der Weg führt hinunter zur Bucht Porto Managu

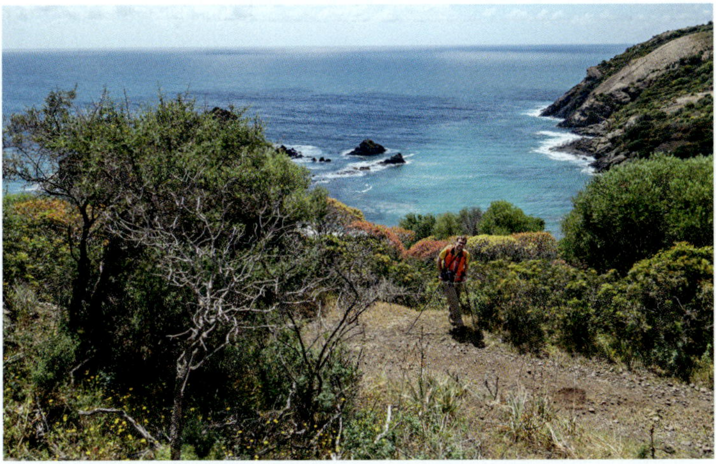

- Bademöglichkeit an der Porto Mànagu (km 1,5 und beim Rückweg)
- Die Tour verlangt etwas Orientierungsvermögen und Trittsicherheit. Für Kinder ist sie eher nicht geeignet.
- Die Wanderung führt zum größten Teil über unbefestigte Wanderpfade, die aber teilweise etwas felsig sind – nicht gerade ideales Gelände für Hunde.
- P Parken können Sie an der Straße Bosa – Alghero bei km 8,8 (von Bosa kommend). Der Weg beginnt bei einem rostigen Eisentor. Hier befindet sich eine schmale Parkbucht.
- ☺ Nach der Wanderung sollten Sie Bosa noch einen Besuch abstatten.

Von der kleinen P Parkbucht an der Küstenstraße zwischen Bosa und Alghero gehen Sie am Gatter vorbei und folgen dem Fahrweg, der zuerst leicht abfällt. Bald schon eröffnen sich erste schöne Blicke auf die Bucht Porto Mànagu. Der Weg führt nun relativ eben weiter zu einem Sattel mit einer verfallenen Hirtenhütte.

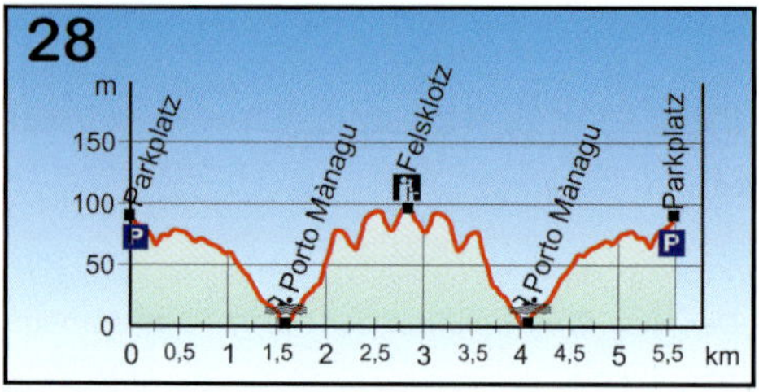

Ab hier beginnt der Weg abzufallen und schlängelt sich in zahlreichen Kehren hinunter zur Bucht Porto Mànagu. Auf

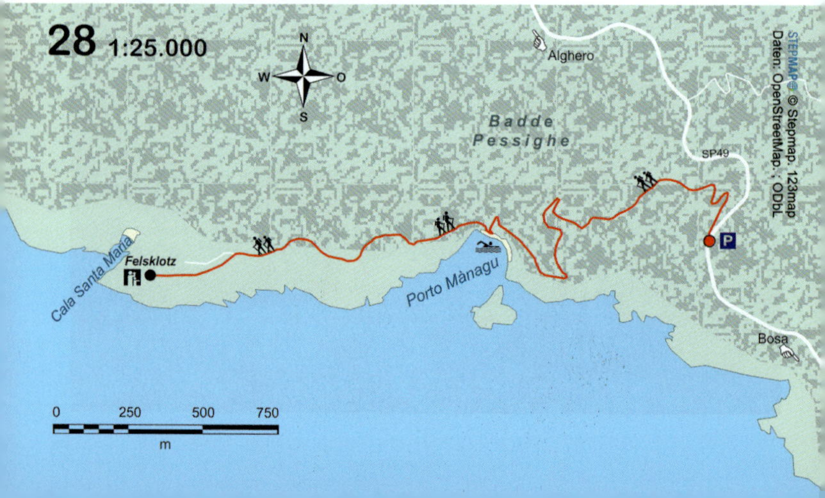

der linken Scite der Bucht gibt es einen schönen Sandstrand, an dem Sie auf dem Rückweg baden können.

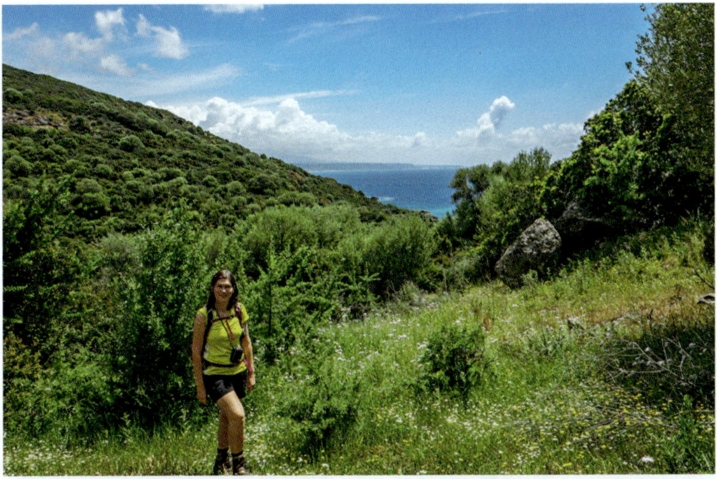

Gleich zu Beginn der Wanderung genießen wir schöne Blicke auf das Meer

Der Weiterweg ist zu Beginn leider nicht ganz einfach zu finden. Auf der rechten Seite der Bucht erkennen Sie bald eine schmale Steintreppe, die schon relativ stark überwuchert ist. Durch diese kommen Sie an einen kleinen Grillplatz. Von hier taucht der Weg geradeaus in die Macchia ein. Er ist zu Beginn ziemlich zugewachsen, wird aber bald freier. Von einer Freifläche genießen Sie einen tollen Blick auf die unter Ihnen liegende Bucht. Anschließend beginnt der Weg stark anzusteigen und bringt Sie hinauf zu einem weiteren Plateau. Auf der anderen Seite des Plateaus wandern Sie wieder abwärts. Nach einem Tälchen gehen Sie erneut bergauf und erreichen einen Sattel, der grandiose Tiefblicke auf das Meer bietet. Von hier fällt das Gelände steil ab in die Schlucht Sa Ghisterra, die zur Cala Santa Maria führt.

Links oberhalb der Schlucht sehen Sie einen markanten Felsklotz stehen. Den Abstecher hinüber zu ihm sollten nur trittsichere und schwindelfreie Wanderer wagen.

Sie halten sich dabei meistens am Grat, nur eine Graterhebung wird auf der rechten Seite umgangen. Oben angekommen stehen Sie direkt über der Bucht

Cala Santa Maria und haben einen fantastischen Tiefblick hinunter ins Meer. Es ist hier oben sogar ein wenig Platz, um sich hinzusetzen und eine mitgebrachte Brotzeit schmecken zu lassen.

Rast an dem Felsklotz – etwas exponiert

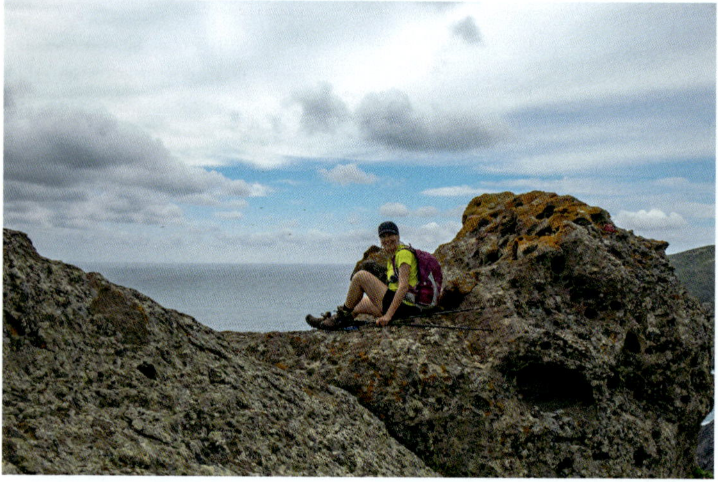

Nach der Pause kraxeln Sie vorsichtig wieder zurück zum Sattel und wandern hinunter zur Bucht Porto Mànagu. Nach einem Bad im Meer gehen Sie auf dem bekannten Weg wieder zurück zur Parkbucht an der Küstenstraße.

Bosa

Die Wanderung beginnt an der Küstenstraße zwischen Bosa und Alghero. Das kleine Städtchen Bosa liegt etwas landeinwärts an der Mündung des Temo, des einzigen schiffbaren Flusses Sardiniens. Die bunten Häuser und das oberhalb des Ortes liegende Castello Malaspina führen dazu, dass Bosa zu den hübschesten Städten Sardiniens zählt. Bekannt ist der Ort auch durch den Malvasia di Bosa, einen berühmten Weißwein.

29 Überschreitung des Monte Minerva

Tour für Genießer

Der Monte Minerva ist ein schöner Tafelberg, der seine Umgebung überragt und eine dementsprechend gute Aussicht bietet. Vor allem der Blick auf den Lago di Temo und Monteleone Rocca Doria ist beeindruckend. Mit etwas Glück können Sie am Monte Minerva Gänsegeier beobachten, die in der Region nördlich von Bosa leben.

Start/Ziel: Parkplatz am Palazzo Minerva, GPS N 40°26.552' E 008°31.753'

5,7 km

2 Std. 30 Min.

270 m/270 m

376-644 m

gute Ausschilderung, deutliche Wege

keine Einkehrmöglichkeit

Picknickplatz bei einer Quelle (km 1,2), Rastplätze am Gipfel des Monte Minerva (km 3)

Die Tour ist nicht besonders schwierig und daher für Kinder ab 8 Jahren geeignet. Es gibt einen großartigen Aussichts- und Beobachtungsplatz für die Gänsegeier, die Ihre Kinder mit ihrer Größe beeindrucken werden.

Es handelt sich um schmale Steige. Für Hunde ist die Strecke gut geeignet.

P Auf der Straße zwischen Monteleone Villanova und Padria biegen Sie nach rechts ab (Wegweiser Monte Minerva) und fahren auf geteerter Straße zum Palazzo Minerva, wo Sie parken können.

In der Umgebung, an der Straße von Monteleone Villanova zur Küstenstraße Bosa–Alghero, liegt die Nuraghe Appiu.

Vom **P** Parkplatz beim Palazzo Minerva wandern Sie auf dem Betonweg links an den Gebäuden vorbei zur ehemaligen Käserei. Von hier folgen Sie dem betonierten Weg weiter geradeaus, bis er in einen Schotterweg übergeht. Hier biegen Sie auf den nach links abzweigenden Steig ab. In vielen Kehren steigen Sie auf dem Wanderweg bergauf bis zu einer Wegverzweigung. Dort nehmen Sie den rechten Weg und treffen wenig später auf ein Schild, das Sie zu einer Quelle schickt. Bald schon gehen Sie durch ein Holzgatter und überqueren eine

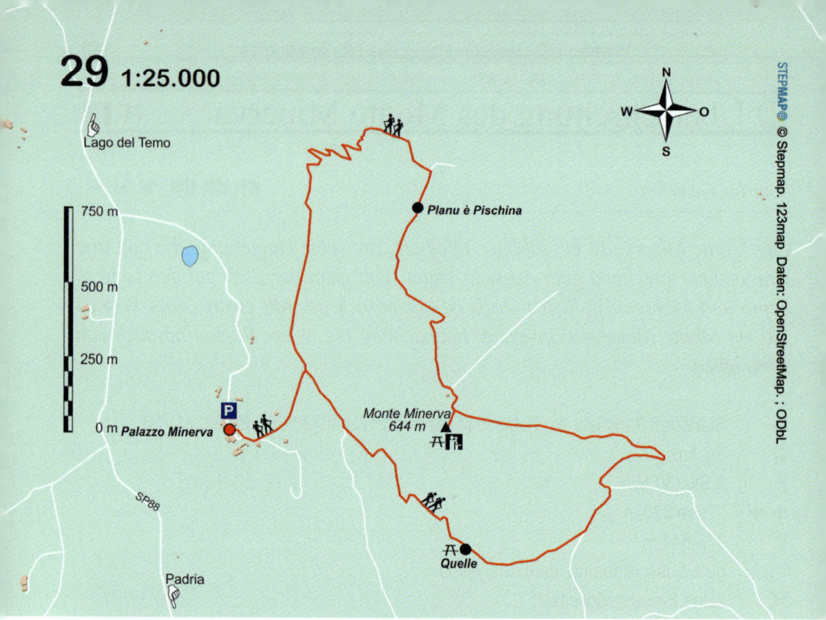

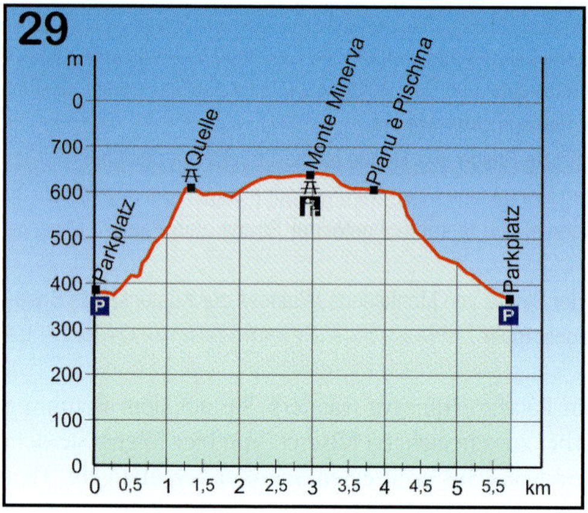

Wiese. Hier finden Sie eine Quelle und einen Picknickplatz.

Nach einer kurzen Pause spazieren Sie weiter über das Hochplateau und erreichen einen breiten Forstweg. Auf diesem laufen Sie nach links aufwärts, bis Sie ein Eisentor durchqueren. Hier bietet sich am rechten Rand ein schöner Ausblick auf den Lago di Temo und Monteleone Rocca Doria.

Sie wandern auf dem Fahrweg über das schöne Hochplateau zum höchsten Punkt des Monte Minerva, an dem sich ein Wasserbehälter befindet. Auf dem

Gipfel sollten Sie unbedingt eine kleine Pause einlegen. Links bietet sich ein schöner Ausblick über die senkrechten Felsen ins Tal.

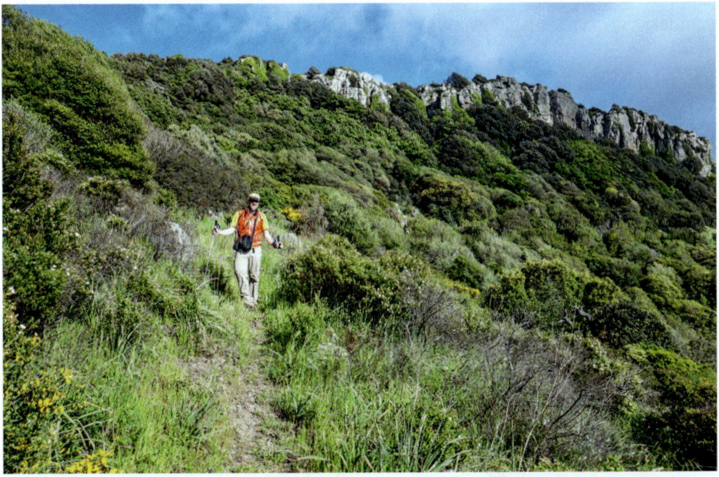

Beim Abstieg blicken Sie zurück zu den Gipfelfelsen des Monte Minerva

Geologie

Im Erdzeitalter Tertiär (vor 65 Mio. bis 2,6 Mio. Jahren) bildeten sich vulkanische Gesteine. Nahe Alghero findet man Tuffe eines großen Vulkans, der mehrere Nebenkrater und Schlote hatte. Durch heiße Ablagerungen wurden die Zugänge teils verschweißt, danach von weniger festen Tuffen überlagert. In mehreren Vorgängen entstand eine 800 m mächtige Gesteinsschicht, die je nach Beschaffenheit schneller oder langsamer abgetragen wurde. Dadurch bildete sich die Schichtstufenlandschaft zwischen Alghero und Bosa. Härtere Schichten formten Tafelberge. Ein sehr bekannter ist der Monte Minerva.

Für den Abstieg gehen Sie rechts am Wasserbehälter vorbei und gleich danach wieder nach links zu einer Wegverzweigung. Hier nehmen Sie den linken Weg durch ein Eisengatter. Nach diesem führt der Weg abwärts zur baumlosen Hochebene Planu è Pischina. Über diese wandern Sie bis kurz vor einen kleinen Eichenwald. Kurz vorher sehen Sie links einen Steinmann und einen schmalen Steig. Auf diesem überqueren Sie die Wiese bis zum Waldrand. Der Weg taucht in den Wald ein und führt bald steil bergab. In vielen Kehren wandern Sie bergab zu einem längeren Wegabschnitt, der Sie nach links zu einer Rechtskurve bringt. Hier treffen Sie wieder auf den Aufstiegsweg. Auf dem breiten, betonierten Weg wandern Sie zum Ausgangspunkt am P Palazzo Minerva zurück.

Nuraghe Appiu

An einem wunderschönen Platz liegt die gut erhaltene Nuraghe Appiu. Sie kann nach der Wanderung zum Monte Minerva noch gut besucht werden. Sie wird auf schmaler Straße von Monteleone Villanova erreicht und war ein Tipp unserer Gastgeber im B&B Brancadoria. Eine Besichtigung der eindrucksvollen Nuraghe ist unbedingt zu empfehlen.

Die Nuraghe Appiu im Nordwesten Sardiniens

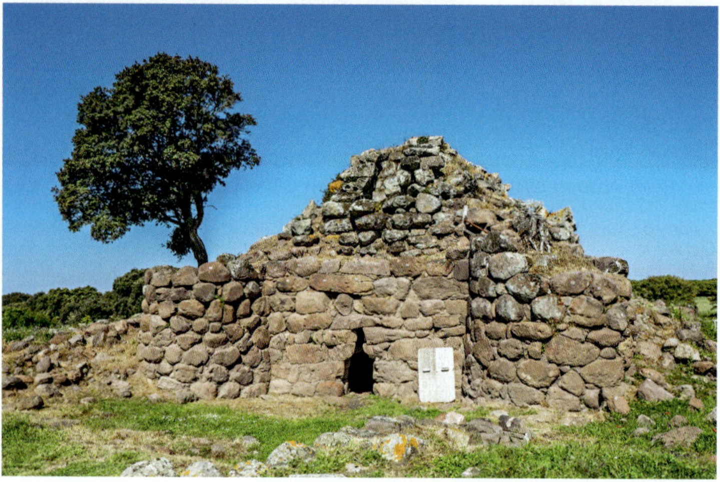

30 Auf den Vulkanberg Monte Torru

Tour für Einsame

In der Region von Ittiri befinden sich einige Vulkankegel. Wir haben uns den Monte Torru für eine Besteigung ausgesucht. Der Anstieg führt durch eine einsame Gegend auf einen wunderbaren Aussichtsgipfel. Am höchsten Punkt steht eine kleine, verfallene Nuraghe. Die Tour ist von Strecke und Höhenmetern her nicht besonders lang, erfordert aber durch das viele Auf und Ab doch etwas Zeit.

- Start/Ziel: Schotterparkplatz an der Straße zwischen Ittiri und Thiesi, GPS N 40°34.184' E 008°38.029'
- 5,5 km
- 2 Std. 30 Min.
- 135 m/135 m
- 547-606 m
- keine Markierungen, einzelne Steinmännchen, schmale Pfade, teilweise weglos
- keine Einkehrmöglichkeiten
- keine Rastplätze
- Die Tour verlangt etwas Orientierungsvermögen und Trittsicherheit. Sie ist für Kinder ab 14 Jahren geeignet. Die Wegsuche ist für Kinder spannend. Auch heißt es, Ausschau nach Gänsegeiern zu halten, die wirklich beeindruckend sind.
- Die Tour führt über schmale Steige und ist für größere Hunde geeignet.
- P Auf der Straße von Ittiri nach Thiese fahren Sie bis zu km 16. Hier biegen Sie rechts ab und folgen einer schmalen, holprigen Schotterstraße zu einer großen Ebene, wo Sie parken können.
- Eine halbe Stunde nordöstlich von Ittiri liegt die Kirche Santissima Trinità di Saccargia.

Sie parken auf der großen P Schotterebene am Ende der schmalen Straße. Am Ende der Fläche sehen Sie ein Eisengatter, durch das Sie hindurchgehen. (Bitte das Tor unbedingt wieder schließen!) Sie wandern über die folgende Wiese geradeaus weiter. Sie gelangen zu einer Mauer und gehen weiter zu einem Holztor. Durch dieses betreten Sie eine weitere Wiese, die Sie auf der rechten Seite des Zaunes überqueren. Sie treffen wieder auf ein Eisentor, durch das Sie hindurchlaufen. Dahinter

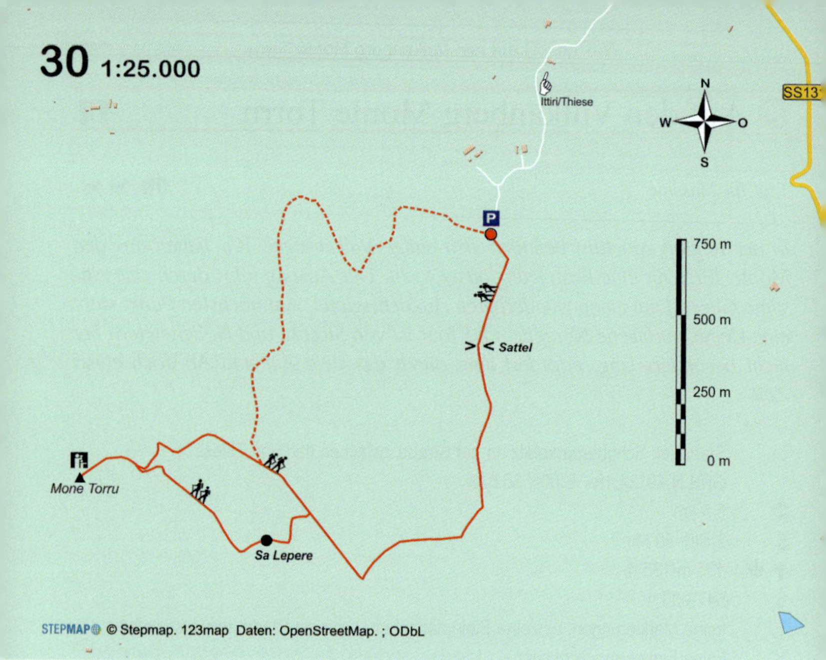

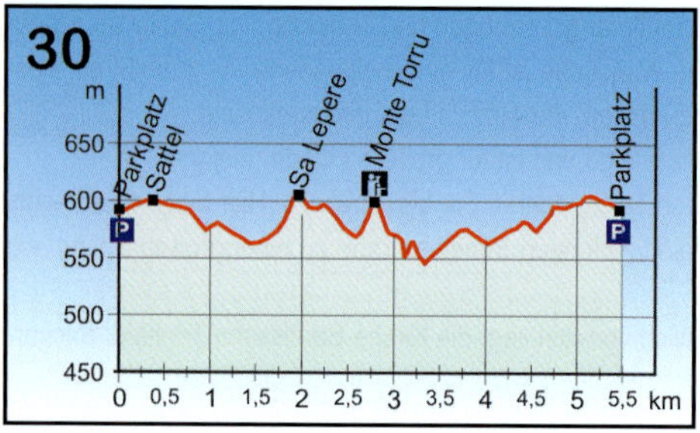

geht es noch ein Stück geradeaus bergab, bis Sie auf einen kleinen Bach treffen. Entlang von diesem wandern Sie weiter abwärts, bis Sie auf einen breiteren Weg stoßen. Hier führen Steigspuren – vermutlich von Kühen – nach rechts bergauf. Diesen folgen Sie bis in den Sattel zwischen Monte Longos und Monte Cheia. Dort treffen Sie auf eine Steinmauer, über die Sie steigen.

Auf der anderen Seite der Mauer wandern Sie durch das liebliche Tal abwärts bis zum Riu Badde Mela, einem kleinen Bach. Hier lassen Sie sich nicht von den Steigspuren nach links zu einem Brunnen, sondern nach rechts zu einzelnen Bäumen leiten. Von den Bäumen gehen Sie weiter geradeaus zu einem weiten Sattel.

Dort beginnt ein Steig, der sich nach links geradeaus zum Waldrand hinaufzieht. Jetzt wird er deutlicher und bringt Sie bis zum weiten Gipfelplateau des Sa Lepere. Von ihm können Sie bereits Ihr Ziel, den Monte Torru, erblicken.

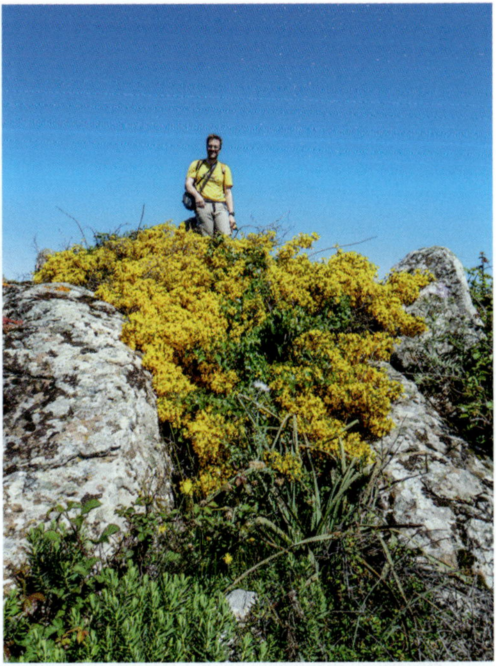

Am Gipfel des Sa Lepara

Vom Gipfel sehen Sie in westlicher Richtung einen Steinmann. Zu diesem gehen Sie hinunter. Dort treffen Sie auf einen Steig, dem Sie nach rechts folgen. Er ist ziemlich deutlich und gut mit Steinmännern markiert und führt Sie über felsiges Gelände bergab zu einer Verzweigung. Die Steinmänner leiten nun in verschiedene Richtungen – Sie nehmen den rechten Abzweig und erreichen das Plateau oberhalb eines Felskessels, der wie ein natürliches Amphitheater aussieht. Hier gehen Sie in Richtung des rechten Abbruchs und erkennen dort einen Steinmann. Über leichte Felsen steigen Sie bergab. Der Steig bringt Sie nach links zu einem Zaun, den Sie überqueren. Nun führen Steigspuren zum Sattel vor dem Monte Torru mit einem alten Wegweiser. Sie wandern nach rechts auf Steigspuren unter den Felsen entlang. Im Zickzack steigen Sie hinauf bis unter eine Felshöhle und folgen dem nun deutlichen Steig nach rechts bis zu einem Durchschlupf. Über diesen kraxeln Sie hinauf auf die Hochfläche. Von hier steigen Sie direkt zum Gipfel des Monte Torru mit der Nuraghe auf. Hierfür gibt es mehrere Möglichkeiten, sowohl links als auch rechts der Steinmauer. Vom Gipfel haben Sie einen wunderbar weiten Blick über die Vulkanberge der Umgebung.

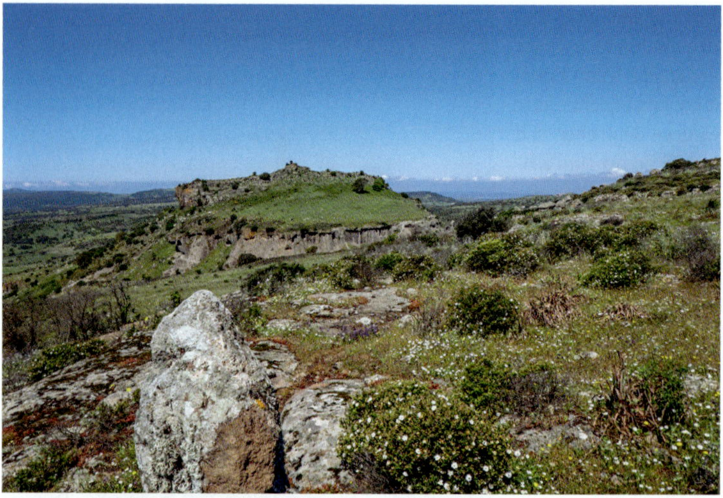

Vom Sa Lepara blicken Sie hinüber zum Monte Torru

Für den Abstieg wandern Sie zurück zum Wegweiser im Sattel und weiter bis zum Zaun. Hier gehen Sie nach schräg rechts unten (nordöstliche Richtung) zum unteren Ende eines Eichenwäldchens. Auf Steigspuren steigen Sie kurz ab, peilen dann aber einen Steinmann auf der rechten Seite an. Sie wandern an diesem vorbei zu einem Geländerücken. Nun wandern Sie auf gleicher Höhe nach rechts, bis Sie bei einer kleinen Quelle an einen breiteren Weg kommen. Hier gehen Sie nach rechts und gelangen in den Sattel unterhalb des Sa Lepere. Auf dem nun vom Anstieg bekannten Weg spazieren Sie zurück zum P Parkplatz auf der Schotterebene.

↳ Für erfahrene Wanderer gibt es noch einen alternativen Rückweg. Dieser erfordert allerdings einen sehr guten Orientierungssinn und führt teilweise durch dichte Macchia:

Sie gehen von der Quelle auf dem breiten Weg nach links abwärts, bis Sie eine undeutliche schmale Spur nach rechts erkennen. Hier stehen zwar kleine Steinmännchen, wir haben es allerdings zuerst auch übersehen.

Hier gehen Sie nach rechts bis zu einem kleinen Bach, dem Sie kurz bergab folgen, bis nach rechts Steigspuren abzweigen. Diese und einzelne Steinmännchen führen Sie zu einer Felsplatte. Weiter geht es in gleicher Richtung und auf gleicher Höhe, bis die Macchia zu dicht wird. Dann laufen Sie nach rechts bis unter die Felsen und gehen hier wieder nach links, bis zu einem Absatz mit einem großen Felsen. Dahinter wandern Sie über eine Felsplatte und auf dem deutlichen Steig abwärts bis kurz vor einen Zaun. Hier gehen Sie weglos nach rechts in den Wald und treffen dort auf einen Steig. Dieser ist ziemlich zugewachsen und führt direkt unter den Felsen entlang bis in eine Nische. Über leichte Felsstufen kraxeln Sie hinauf. Bald sehen Sie links einen großen Stein, den Sie ansteuern. Von ihm wenden Sie sich wieder nach rechts zu einem weiteren markanten Stein und gleich danach nach links zu einer Mauer. Sie überqueren die Mauer und wandern auf der anderen Seite auf gleicher Höhe in ein Tal. Dann folgen Sie dem deutlichen Steig unterhalb von ein paar Höhlen zu einem bereits sichtbaren Zaun. Sie gehen durch das Gatter im Zaun und wandern über die Wiese zum nahen P Parkplatz.

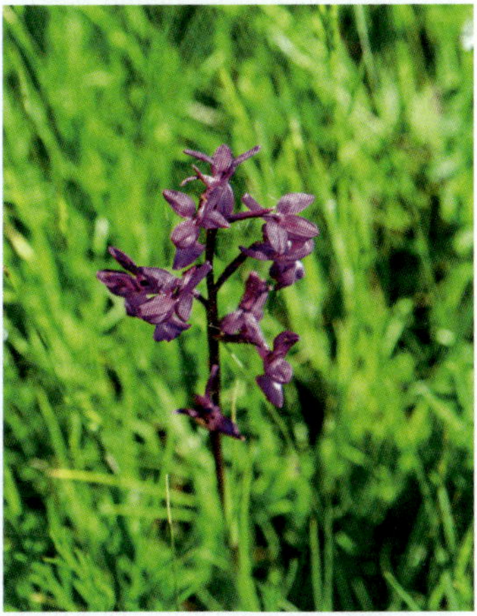

Orchidee am Weg

Santissima Trinità di Saccargia

Diese Kirche ist eine besondere Schönheit unter Sardiniens Landkirchen. Sie liegt an der SS597 zwischen Sassari und Olbia und kann von Ittiri in einer halben Stunde erreicht werden. Alternativ lohnt sich ein Abstecher bei der Fahrt in den Nordwesten Sardiniens. Die schlichte Kirche wurde im 12. Jahrhundert erbaut und kann täglich besucht werden. Besonders beeindruckend ist die Fassade mit Streifen von schwarzem Vulkangestein und weißem Kalkgestein.

31 Von Porto Conte zur Punta del Giglio

Tour für Spaziergänger

Einfache Wanderwege führen durch den Naturpark Porto Conte zur Südspitze der Halbinsel. Hier an der Punta del Giglio hat man einen herrlichen Ausblick auf die Bucht und die Felsklippen von Capo Caccia.

- Start/Ziel: großer Parkplatz vor Porto Conte, GPS N 40°35.553' E 008°12.743'
- 6,7 km
- 2 Std. 15 Min.
- 158 m/158 m
- 5-94 m
- Breite, gut ausgeschilderte Wege, die keine Orientierungsprobleme verursachen.
- Keine Einkehrmöglichkeit am Weg. Als Restaurant in der Umgebung können wir das Ristorante Le Pinette empfehlen.
- Rastplatz unweit des Eingangs in den Park (km 0,4 bzw. km 6,3) und am Rückweg (km 4,5)
- Die Wanderung ist für Kinder sehr gut geeignet.
- Der Weg kann gut mit Hunden begangen werden.
- P Von Alghero fahren Sie über Fertilia in Richtung Porto Conte. Kurz vor dem Ort auf der linken Seite befindet sich ein großer Parkplatz mit Informationstafel zum Naturpark.
- Sie sollten unbedingt Alghero einen Besuch abstatten, wenn Sie im Nordwesten Sardiniens unterwegs sind.

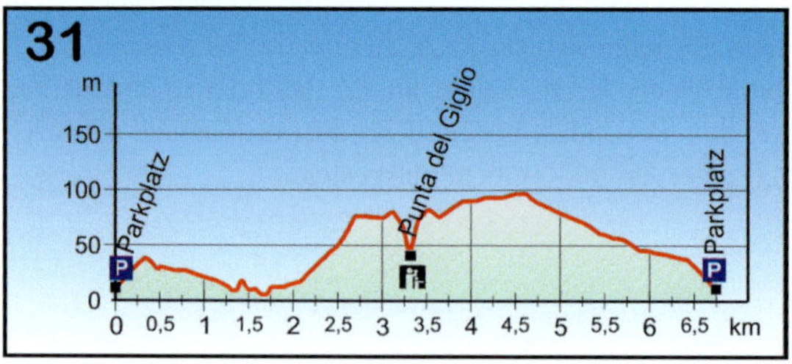

Vom P Parkplatz gehen Sie auf dem breiten Fahrweg durch den Pinienwald leicht bergauf. Der Weg biegt nach links ab und erreicht einen Rastplatz. Hier biegen Sie nach rechts ab. Der breite Weg führt weiter durch den Pinienwald. Sie kommen bald an das Meer und erhaschen einen ersten Blick auf die Bucht und die Felsen von Capo Caccia.

Einen nach links abzweigenden Weg ignorieren Sie und bleiben stattdessen stets am Meer. Der Weg beginnt langsam ein wenig anzusteigen und führt teilweise durch den Wald. Immer wieder eröffnet sich aber ein Blick auf das Meer. Sie treffen auf einen Fahrweg, der von links einmündet. Sie passieren zwei ehemalige Torpfosten und gelangen an die Überreste einer Kaserne. Ein paar Minuten später stehen Sie an der Punta del Giglio. Die Aussicht von der „Landspitze der Lilie" zum Leuchtturm von Capo Caccia und zu den Häusern von Alghero ist wunderschön. Machen Sie hier eine kurze Pause, um die Schönheit der Natur zu genießen.

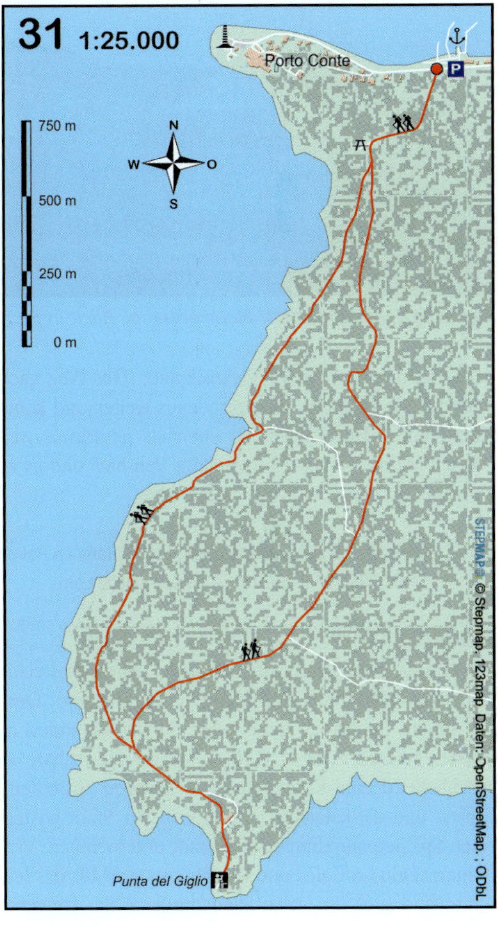

Anschließend wandern Sie zurück zur letzten Wegteilung. Hier gehen Sie nun nach rechts in Richtung Ausgang (*uscita*). Dieser breite Weg nimmt Sie mit durch einen schönen Pinienwald. Sie erreichen eine

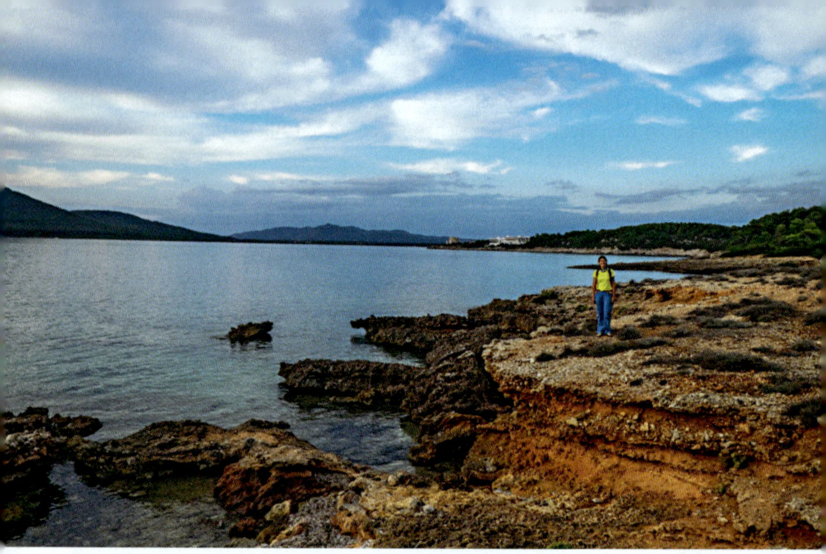

Der Weg führt direkt am Meer entlang. Blick in Richtung Porto Conte

Abzweigung an einem ⛼ Picknickplatz. Der Weg nach rechts führt zum Monte Rudedu, Sie wandern aber geradeaus weiter und kommen so zu einer weiteren Abzweigung. Hier gehen Sie ebenfalls geradeaus weiter und gelangen an die Wegteilung am ersten ⛼ Rastplatz. Von hier sind es nur noch ein paar Minuten zum **P** Parkplatz bei Porto Conte.

☺ ✕ Le Pinette, Località Monte Sixeri Santa Maria La Palma, 07041 Alghero,
☏ 00 39/079/99 99 016, 💻 www.lepinette.com

Alghero

Im Nordwesten sollte man unbedingt einen Abstecher nach Alghero machen. 400 Jahre herrschten die Katalanen über Alghero. Deshalb wird die Stadt häufig als „kleines Barcelona" bezeichnet. Sie hat zumindest mehr Katalanisches als Sardisches zu bieten. Erst 1720 wurde die Herrschaft beendet, die Stadt gehörte anschließend zum Königshaus von Savoyen. Trotzdem blieben der katalanische Dialekt und die katalanische Kultur in der Stadt bestehen. Sie sollten unbedingt einen Spaziergang durch die Altstadt unternehmen. Viele kleine Läden laden zum Bummeln ein, in Cafés und Restaurants wird für das leibliche Wohl gesorgt. Sehr schön sind auch die vielen Sandstrände in der Umgebung.

32 Zum Sarazenenturm Torre della Pegna

Tour für Eroberer

Der Torre della Pegna ist einer von vielen Sarazenentürmen an der Westküste Sardiniens. Er steht über senkrechten Felsklippen und bietet eine wunderbare Aussicht auf die Küste. Besonders beeindruckend ist der Blick vom Anstiegsweg zur Cala d'Inferno.

- ⇆ Start/Ziel: Parkplatz an der Cala Dragonara, GPS N 40°34.572' E 008°09.590'
- 6,4 km
- 2 Std. 45 Min.
- ↑↓ 244 m/244 m
- ⇧ 17-261 m
- Markierungen mit Steinmännchen
- Am Ausgangspunkt befindet sich eine kleine Snackbar.
- Es gibt keine Rastplätze am Weg.

Wir wandern auf deutlichen Steigen an der steilen Küste entlang

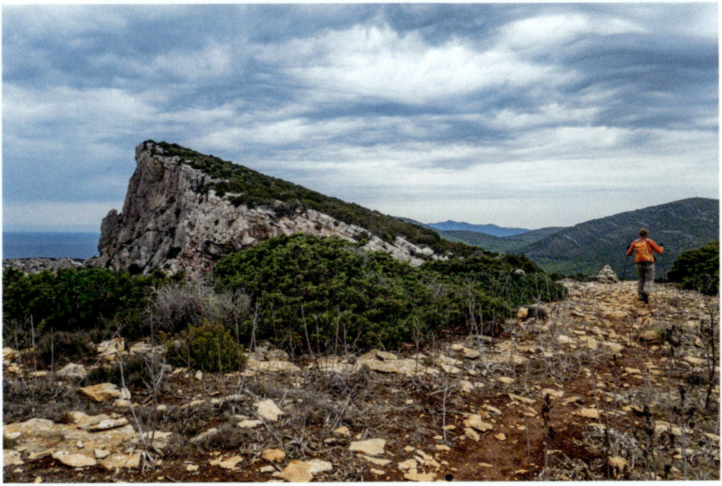

Die Wanderung ist für Kinder ab 10 Jahren geeignet. Am Wegesrand lassen sich in den Felsen jede Menge Fabelwesen erkennen. Am Sarazenenturm kann mit etwas Fantasie die Epoche der Katalanen wieder zum Leben erweckt werden. Vorsicht an den Steilabbrüchen!

Der Weg führt über scharfes Kalkgestein, ist für größere Hunde mit etwas Vorsicht aber machbar.

P Von Alghero geht es über Fertilia in Richtung Capo Caccia, bis nach links ein Weg zur Bar Dragonara abbiegt. Dort können Sie parken.

☺ In der Nähe befindet sich die Grotta di Nettuno, die Sie besichtigen können.

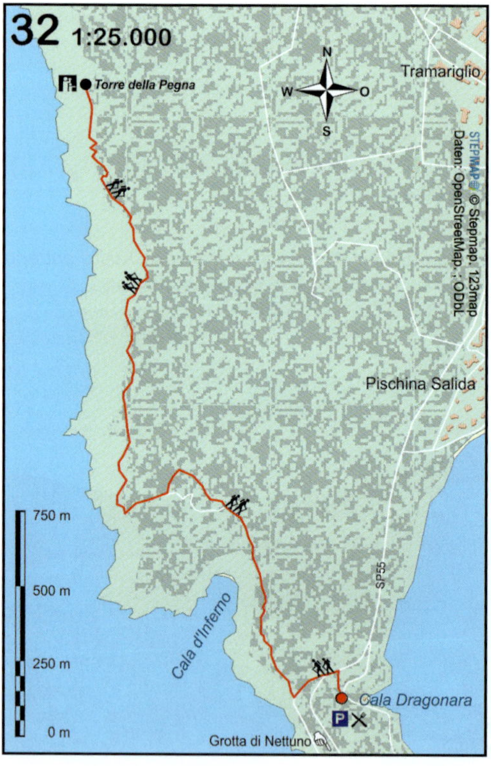

Vom P Parkplatz an der Cala Dragonara gehen Sie kurz zurück in Richtung Zufahrtsstraße, biegen aber vorher nach links ab und laufen unter einer Brücke hindurch. Gleich hinter der Brücke wenden Sie sich nach rechts hinauf zur Straße, verlassen diese aber gleich wieder nach rechts und folgen der Panoramastraße bergauf. Wenig später zweigt nach rechts ein schmaler Pfad ab, auf dem Sie weiterwandern. Der deutliche Pfad führt durch die relativ niedrige Macchia aufwärts. Sie halten dabei immer etwas Abstand zur Küste. Besonders beeindruckend ist der Blick zur Cala d'Inferno, zu der Sie von einem klei-

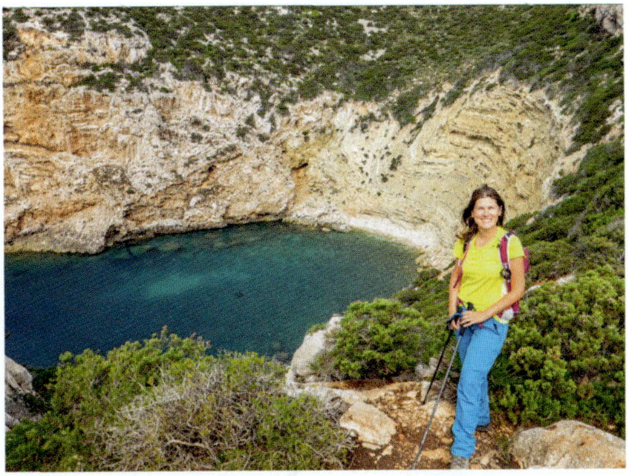

Schöner Tiefblick

nen Absatz hinunterblicken. Anschließend erwartet Sie ein kurzer Zwischenabstieg in eine Senke. Der Pfad biegt hier nach links ab und führt Sie wieder zurück zu den Klippen direkt über dem Meer. Immer wieder genießen Sie auf dem folgenden Weg nun den tollen Blick auf das blaue Meer. Je weiter Sie in Richtung Norden wandern, umso felsdurchsetzter wird das Gelände. Der Weg ist nirgendwo besonders schwierig, er zieht sich aber ziemlich in die Länge. Es dauert eine Weile, bis Sie endlich das Ziel der Wanderung, den Torre della Pegna, erreichen. Von hier oben haben Sie einen grandiosen Blick auf das Meer, den Felsgipfel der Punta Cristallo sowie die Felsinsel Isola Piana. Oben neben dem Sarazenenturm lassen Sie sich Ihren Proviant schmecken lassen, bevor Sie wieder zurück zum Parkplatz an der Cala Dragonara gehen. Der Abstieg erfolgt am Hinweg.

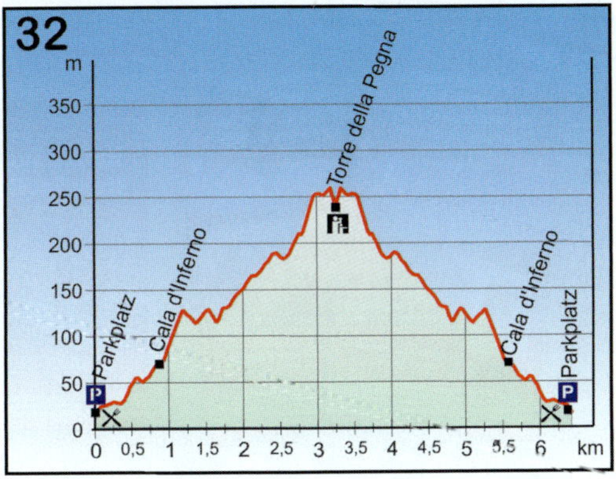

Am Gipfel gibt es noch weitere Markierungen, die nach Osten bergab führen. Bei unserer Erkundung endeten die Wege allerdings alle in der Macchia, sodass wir diesen Abstieg nicht empfehlen können.

Grotta di Nettuno

In der Nähe der Wanderung liegt die Neptunsgrotte bei Capo Caccia. Sie ist eine der bekanntesten Tropfsteinhöhlen im Mittelmeerraum. Der Eingang liegt nur knapp über dem Meeresspiegel und kann deshalb nur bei ruhigem Wetter besucht werden. Es ist zwar nur ein kleiner Teil des Höhlensystems zu besichtigen, dieser ist aber äußerst eindrucksvoll. Nach dem Lago Lamarmora zu Beginn wandern Sie durch eine beeindruckende Welt voller Tropfsteingebilde. Der Zugang zur Grotte erfolgt auf einer Felsentreppe mit 650 Stufen.

♦ Grotta di Nettuno, Località Capo Caccia, ☏ 00 39/079/97 90 54, 💻 www.alghero-turismo.it, April 10:00-18:00, Mai-Oktober 10:00-19:00, November-März 10:00-16:00